Le Prince Aja envoûté
par Danna

Johanne Landers

johannelanders@msn.com

http://jlprudhomme.wix.com/johanne-landers

http://facebook.com/johanne.landers

JOHANNE LANDERS

— Danna, ma chérie, je regrette les choix que j'ai faits. Je voulais tellement rester avec toi sur cette terre. Maintenant je pars et j'ai pris tout ton héritage pour pouvoir me sauver. Regarde où j'en suis aujourd'hui.

— Papa, ne t'en fais pas. Ce que j'aurais voulu plus que tout au monde est que tu ne sois pas malade. Je t'aime papa.

— C'est la vie ma chérie, nous n'y pouvons rien. Va te reposer, tu reviendras demain.

— Oui, bonne nuit papa.

Elle l'embrassa son père très fort. Il était tombé malade et les traitements qui avaient coûté très cher, n'avaient pas été efficaces pour lui. Il était trop tard maintenant et tous deux le savaient.

Après le départ de Danna, Pierre demanda à l'infirmière de lui venir en aide.

— Mademoiselle, pourriez-vous me rendre un grand service?

— Certainement M. Clarke.

— Regarder dans le tiroir, il y a deux enveloppes. Pourriez-vous les prendre et…quand mon heure sera arrivée, les mettre à la poste s'il vous plaît?

— Très bien M. Clarke. Je comprends ces choses-là et ne vous inquiétez pas, je m'en occuperai moi-même.

— Je vous remercie.

Pierre Clarke avait dû utiliser tout ses économies et l'argent qu'il voulait laisser à sa fille Danna en héritage. Il avait même dû vendre la boulangerie et tout récemment, la maison. La seule chose qu'il laissait à sa fille aujourd'hui était son bateau qu'elle aimait tant. Il avait laissé à Danna le choix entre la maison et le bateau. Elle avait décidé de garder le bateau, car son père et elle y avaient vécu leurs meilleurs moments.

Deux semaines plus tard, Pierre Clark était décédé et Danna avait opté pour des funérailles qui l'honoraient, même si elle savait qu'elle n'aurait plus d'argent ensuite.

Danna avait reçu le chèque de l'assurance vie de son père, mais c'était à peine pour payer les quelques dettes qu'il avait dû lui laisser. Elle devait trouver un emploi maintenant qu'elle avait tout son temps.

— Bon, je devais commencer par énumérer mes compétences et voir ce que je pourrai trouver, c'est la saison du tourisme qui commence, mais je ne voudrais pas vraiment devenir serveuse. Premièrement, je suis une bonne pâtissière, mais il n'y en a plus dans ce village puisque nous l'avons vendu et elle a été transformée en restaurant. Je crois que je vais devoir retourner à la ville. Je ne pourrai même pas retourner finir ma deuxième année d'université en septembre. Je vais certainement devoir travailler une année complète avant ou vendre le bateau. Mais il ne me restera plus que mes souvenirs de papa. Je dois essayer de le garder. Je pourrais faire des tours de voilier aux touristes. Je ne crois pas pouvoir vivre avec ça. Y'a toujours avec la marine des États-Unis où je pourrais être sur la mer et éventuellement peut-être finir mes études universitaires avec eux.

Danna n'avait pas beaucoup de choix.

Elle décida pour la marine où elle pourrait
arriver à ses deux buts. Vivre sur la mer et finir ses
études universitaires. La même semaine qu'elle
mit son père en terre, elle s'inscrivit dans la
marine. Elle était appelée à se présenter dans le
bureau de la marine une semaine après. Elle avait
pris les mesures nécessaires avec son meilleur ami
pour qu'il s'occupe de son bateau et de son
courrier.

— Bonjour Clara.

— Bonjour Lisa. Comment se portent nos
patients aujourd'hui?

— Lisa et Clara passèrent en revue les
dossiers de chaque patient.

— Où est celui de M. Clark?

— Il est décédé la deuxième journée de tes
vacances.

— Oh non! Je l'aimais bien celui-là, il était si
gentil.

— Oui, je crois qu'on l'aimait tous.

— Je me rappelle qu'il m'avait demandé de lui mettre deux lettres à la poste à son décès. Je vais aller les chercher, ils sont dans mon casier. Je vais les envoyer immédiatement pour ne pas les oublier.

Danna avait beaucoup moins de problèmes à s'adapter que d'autres. Elle était en très bonne forme physique, elle adorait la mer et avait déjà une bonne éducation derrière elle. Même si cela n'avait rien à voir avec l'armée, avoir fait es études en Histoires avec spécification, la royauté, elle en devançait plusieurs. La majorité était très jeune et arrivaient là pour cause d'avoir laissé tombées leurs études.

— Soldat Clark.

— Oui Sergent Johns.

— Il se pencha vers elle.

— Vous étiez encore à rêvasser.

— Oui, désoler Sergent Johns.

— Je…je voulais vous demander si vous vouliez venir au bar avec moi ce soir, beaucoup de notre groupe s'y retrouve tous les samedis soir?

— Je ne sais pas Sergent Johns, je voulais me rattraper dans mes études.

— Écoutez Soldat Clark, puis-je vous appeler par votre prénom, car nous sommes seuls?

— Oui.

— Très bien Danna. S'il y a quelqu'un qui sait très bien que tu n'as pas besoin de rattrapage, c'est bien moi.

— Hum, je dois vous avouer Sergent Johns que…

— Appelez-moi Vincent quand nous sommes seuls aussi.

— Vincent, je ne suis jamais allée dans un bar.

— Tu n'as pas à t'en faire Danna, c'est comme un restaurant.

— Bon très bien, j'irai.

— Je te prends dans tes quartiers à 20h00.

— Bien

Le bar était comble. La musique jouait à tu tête, tous buvaient, pour la plupart de la bière et certains jouaient au billard.

Vincent l'entraina à une table déjà remplie. Il réussit à leur trouver deux chaises. La soirée se déroulait très bien, mais plus les heures avançaient, Vincent et tous ceux qui étaient à cette table ne parlaient que par parabole de comment la soirée se terminait. Ce que Danna finit par comprendre était que tous se retrouvaient à faire une partie de jambes en l'air.

— Tu viens, je t'amène prendre un verre ailleurs.

— Danna acquiesça puis se dirigea à l'extérieur avec Vincent.

— Écoute Vincent, je suis désolé, mais je dois me lever très tôt demain et je suis très fatiguée. Je préfère retourner à ma chambre.

Il la prit dans ses bras et mit sa tête au creux de son cou.

— Viens avec moi, tu verras, je vais te fait passer ta fatigue ma jolie.

— ''Ma jolie, ouin je sais exactement ce que tu veux''. Non, je regrette Vincent, mais ce n'était pas mon intention de finir la soirée dans ton lit.

— Tu ne peux pas me faire cela après m'avoir allumé toute la soirée.

— Hein! Je ne t'ai pas allumé comme tu dis.

Il se retourna et serra les points.

— Ce n'est pas vrai! Si j'avais su, j'en aurais choisi une autre. Petite garce.

Il la reprit par les coudes et la serra fort.

— Vincent s'il vous plaît. Lâche-moi et je crois qu'il serait préférable que je prends un taxi pour retourner au port.

— Tu peux être certaine que si tu ne viens pas avec moi dans la voiture me donner un petit merci en règle pour la belle soirée que tu viens d'avoir, tu vas devoir marcher si tu ne trouves pas de taxi.

— Je suis déçu, tu es loin d'être l'homme que ton image de Sergent me donnait.

— Je suis un homme avant tout. Alors, tu viens?

— Non.

Elle se retourna et se rendit à la porte du bar sous la lumière et s'appela un taxi. Il semblait très fâcher. Elle se promettait de ne plus accepter ce genre d'invitation.

Le Sergent Johns n'était pas des plus gentils avec elle par la suite, il lui rendait la vie de plus en plus dire chaque jour.

Depuis trois semaines qu'elle s'était engagées et elle avait dû, signer pour une période de trois ans avant de pouvoir se retirer de l'armée. Elle était toujours assignée au Sergent Johns pour son entrainement.

La lettre que l'infirmière avait envoyée à son attention qui avait été écrite par son père ne s'évite jamais arrivée à elle. Par contre, l'autre lettre, elle s'était bien rendue. Elle était destinée au Prince Richard de Caroussel.

— Prince Richard, vous avez reçu cette lettre aujourd'hui. C'est votre oncle Pierre Clark qui vous l'a envoyé.

— Je n'ai pas d'oncle Pierre.

— Oui mon prince, je vous explique.

Richard arqua les sourcils.

— Votre oncle Pierre voulait marier une jeune fille qui n'était en rien reliée à la royauté. Elle était même très pauvre et sa mère…hum, sa mère l'avait élevé seule et son travail n'était pas loyal. Votre père s'y opposait fortement.

— En quoi le travail…de la mère de ma tante était-il déloyal?

— Elle était prostituée mon prince.

— Ah! Assez déloyal oui.

— Votre oncle Pierre a laissé une lettre un matin et il est parti. Nous ne l'avons jamais revu. Vous devriez lire la lettre maintenant. Il l'a écrite juste avant de mourir.

— Il est…

— Oui mon prince, il y a de ça environ deux semaines.

Richard lut la lettre.

Bonjour Prince Richard,

Je ne sais pas si on t'a parlé de moi, mais je suis ton oncle Pierre Clark, le quatrième du nom. Je suis le frère aîné de ton père. Je sais que mon frère et sa femme sont tous les deux décédés, c'est pourquoi je m'adresse à toi aujourd'hui. Quand tu recevras cette lettre,

c'est parce que je serai aussi décédé. Je
t'écris, car je suis parti un avec jour avec celle
que j'aimais plus que tout au monde et
malheureusement la perdre cinq ans plus tard,
à la naissance de notre fille Danna. J'avais
depuis très longtemps tout préparé pour qu'à
ma mort, Danna puisse être à l'aise
monétairement. Je suis tombé malade d'un
cancer et toutes mes économies y sont passées.
La seule chose qu'il me reste pour Danna est
notre bateau et une assurance vie de dix mille
dollars qui n'est pas beaucoup. Je réalise
aujourd'hui que j'ai privé ma fille et qu'elle va
souffrir par ma faute et mon entêtement. Mon
Prince, je vous demande aujourd'hui de veiller
sur Danna qui a le sang royal, tout comme
vous. Je lui ai écrit une lettre pour lui
expliquer, car elle n'est nullement au courant
en date de ma mort.

Merci de veiller sur Danna.

Pierre Clark

— Hé bien! Je viens de me découvrir une
cousine…Danna.

— Oui mon prince. Votre père suivait la vie
de son frère sans qu'il le sache. Bien entendu.

— Oui, mais mon père est décédé maintenant.

— Personne n'a demandé à ce que la surveillance cesse mon prince.

— On ne m'a pas mis au courant non plus. Comment aurais-je pu cesser ces activités?

— Oui mon prince, c'était à la demande de votre père de ne pas vous en parler s'il ne se manifestait pas.

— Pouvez-vous me parler de Danna? Que savez-vous?

— Danna est maintenant âgée de vingt-trois ans. Elle a fait des études en histoire à l'université. Sa spécification était le monde de la royauté. Elle n'a pas terminé sa dernière année, car son père est tombé malade et elle voulait en prendre soin, alors elle est revenue vivre avec lui.

Richard était surpris d'entendre tout cela et lui qui n'en avait eu aucune idée. Pourquoi leur père ne les avait jamais informés?

— Vous m'en voyez très surpris Gaston. On m'avait dit que mon oncle Pierre était décédé depuis longtemps.

— Oui mon prince, je sais.

— Effectivement, vous savez tout. Y'a-t-il autre chose que je ne sais pas et que je devrais savoir?

— Non mon prince. Aussi, c'est mon travail de tout savoir.

— Oui, je sais. À partir de cet instant, rien ne peut m'être caché. Mon père est décédé et je dois tout savoir.

— Oui mon Prince.

— Merci Gaston.

Richard prit la lettre, la lut à nouveau et décida de la mettre dans son coffre-fort pour pouvoir en parler avec sa soeur quand elle reviendra de vacances.

— Danna, qu'est-ce que tu lui as fait au Sergent Johns pour que tu sois toujours de corvée?

— Danna baissa les yeux.

— Rien.

— Allez, tu ne fais jamais rien de mal, tu vois toujours à ton affaire et tu te retrouves toujours en corvée.

— Un soir il m'a invité à aller au bar et ensuite, je n'ai pas voulu coucher avec lui.

— Merde! Le salaud, ce n'est pas une raison pour te faire ça. Il n'a pas le droit.

— Oui, mais n'oublie surtout pas que je suis une femme.

— Oui, par moment je voudrais bien être un homme depuis que je me suis enrôlée.

— Bonne journée, je dois m'y remettre.

— Toi aussi.

Richard demanda à sa soeur Valérie de passer le voir à son retour de Paris. Il ne voulait absolument pas lui parler de la lettre par téléphone. Alors, il était pour attendre son retour qui était prévu pour dans deux semaines.

— Tracy.

— Quoi, qu'est ce qu'il y a?

— J'ai eu ma première mission.

— Où t'envoient-ils?

— Sur un cargo. C'est celui qui transporte la nourriture dans certains pays.

— Moi aussi j'ai reçu ma lettre.

— Toi, où vas-tu?

— Ils m'envoient dans un bureau à New York.

Danna alla prendre Tracy. Elle pleurait, elle était tellement déçue de ne pas partir en mer.

— Je n'ai pas fait tous ces efforts pour me retrouver dans un bureau coincé dans un édifice. J'ai donné ma démission de mon emploi de bureau que je trouvais monotone à en mourir pour m'engager dans la marine pour vivre sur la mer. Je vais me retrouver à mon point de retour.

— Je suis déçu pour toi.

— Oui, j'espère que toi de ton côté, tu n'auras plus le Sergent Johns sur tes talons.

— Ça, c'était ma deuxième bonne nouvelle.

— Je suis très contente pour toi. Tu mérites mieux.

Tracy n'avait pas parlé à Danna de ce qu'elle avait fait. Aujourd'hui, c'était peut-être la raison pour laquelle elle se retrouvait avec un travail de bureau. Elle s'était plein que le Sergent Johns utilisait son poste pour faire payer les femmes de ne pas vouloir coucher avec lui.

Elles se promirent de toujours correspondre.
Danna partit en mission. Elle aimait ses fonctions.
Elle adorait les moments où elle allait sur la terre
sur différentes îles pour la plupart, elle rencontrait
des gens différents qui étaient très gentils avec
eux. Quand elle le pouvait, elle achetait des
crayons et amassait du papier à recycler et elle les
distribuait entre les enfants qu'elle rencontrait.
Une simple petite chose les rendait si heureux.
Ces plaisirs simples qu'elle pouvait faire vivre
étaient sa joie. Enfin elle n'avait plus le Sergent
Johns, elle pouvait enfin respirer et vivre plus
normalement sa vie dans la marine.

Valérie arriva au palais après deux mois
d'absence à voyager à travers les États Unis. Elle
alla dans le bureau de Richard où celui-ci
l'attendait avec une lettre dans les mains.

— Bonjour Valérie. Tu as fait un bon voyage?

— Oui. Et toi Richard, ça va?

— Très bien.

Richard regarda sa jeune soeur avec un gros
sourire.

— Soeurette, je crois qu'un cadeau nous est tombé du ciel.

— Quoi donc? Dis-moi.

— Hé bien! Dans notre condition, moi qui suis stérile et toi qui dis ne jamais vouloir d'enfant, nous étions un peu mal barrés.

— Tu m'intrigues là

— Je sais qu'il y a une chance pour que tu changes d'avis un jour, tu es encore très jeune.

Valérie fit la moue.

— Lâche-moi avec ça Richard.

Richard lui proposa de lire la lettre de l'oncle Pierre. Elle la lut et leva son regard vers Richard avec de grands yeux.

— Il n'était pas mort déjà lui?

— Non, c'était à cause de cette histoire qu'on nous avait dit cela.

— C'est merveilleux! Tu vas pouvoir la harceler à son tour et me lâcher Richard. J'adore.

Tu lui feras faire de beaux petits enfants royaux et me ficher la paix.

— Calme-toi. On ne la connait pas et on ne sait rien d'elle. À savoir…j'ai demandé une étude sur sa vie complète avant de même penser à la rencontrer.

— Elle a peut-être déjà des enfants.

— Non. Gustave s'est empressé de me décrire sa vie en gros parce qu'imagine-toi que papa était au courant de sa vie jour après jour. Après la mort de papa, personne ne m'a parlé de cela et je l'ai appris en recevant cette lettre. Je sais qu'elle n'a pas d'enfant et qu'elle est dans la marine des États-Unis.

— Dans la marine!

— Je crois que cela ne sera pas un problème, car je pourrais demander audience auprès du Président s'il le faut pour la faire sortir de là.

— Si tu promets de me ficher la paix avec la descendance royale, je suis d'accord avec toi et je t'offre même mon aide.

— Tu vas devoir la former pour que nous puissions la faire entrer dans la société au plus vite. Je ne prends pas cette situation à la légère.

— Bien. Mon travail sera ardu…un marine.

— Arrête de te plaindre Valérie.

Richard appela Cédrik, son bras droit pour discuter avec lui de cette histoire.

— Tu crois que nous pouvons la faire venir sans problème?

— Hum.

— Quelque chose t'inquiète?

— Oui Richard. Si elle ne veut pas venir, nous ne pouvons la forcer.

— Je n'avais pas pensé à cela, mais elle devrait plutôt se conter chanceuse et se réjouir.

— Entre-temps, réfléchissons à la meilleure manière de la faire venir et aussi pour étudier son comportement. Des gardes du corps devraient être avec elle en tout temps. Si cette histoire sort dans les journaux, elle sera ciblée et potentiellement en danger.

— Bien. Je crois que je devrais m'entretenir avec le Président des États-Unis pour m'assurer qu'elle ne soit pas mise en danger pour l'instant et je lui demanderai s'il nous est possible de mettre des gardes du corps avec elle en tout temps.

— Alors, j'étudie son dossier et nous pourrions en reparler demain.

Danna était sur une île. Cette fois-ci, ils avaient transporté de la nourriture comme à leurs habitudes, mais aussi des médicaments et une équipe médicale, car ils avaient évalué qu'une maladie les attaquait. Après avoir été sur l'île quelques jours, le capitaine s'était aperçu que beaucoup de gens avaient la fièvre. Il dut demander un arrêt pour que le navire ne reparte pas avant d'avoir eu des résultats de tests.

Après avoir eu des résultats négatifs affirmant que la fièvre était néfaste et se propageait à une allure incroyablement vite, il décréta la quarantaine pour l'île ainsi que le bateau. Tous ceux qui étaient sur l'île devaient rester sur l'île et ceux du bateau ne pouvaient débarquer. Danna était responsable de s'occuper des enfants. Elle devait les tenir à l'écart des malades.

Richard s'était entretenu avec le Président et celui-ci s'accorda avec la décision de retrouver Danna et de la protéger. Son représentant de la marine communiquerait avec lui. Celui-ci, après avoir fait faire les recherches nécessaires, rappela Richard.

— Nous savons maintenant où est le soldat Clark. Elle est sur l'île Mauritius dans l'océan

Indien. Malheureusement elle est en quarantaine, c'est-à-dire qu'ils ont débarqué sur une île infectée par une fièvre et personne ne peut entrer ou sortir pour l'instant.

— Alors elle est en danger, elle peut attraper la fièvre?

— Oui monsieur, mais nous n'y pouvons rien, il est trop tard, elle ne peut pas en sortir.

— Très bien, je regarde ce que je pourrais faire pour la protéger et nous vous rappellerons. Je vous remercie.

— Avec plaisir monsieur, si nous pouvons vous aider, nous le fera. Je vais vous tenir informé de tout développement.

— Oui, merci.

Richard convoqua Cédrik.

— Cédrik, nous avons un sérieux problème.

— C'est à propos de Danna?

— Oui, elle est sur une île qui a été infectée par une contagion. Personne ne peut entrer ou sortir.

— Ouf Richard! C'est sérieux là. Si nous la laissons là, elle court un très grand risque. Est-elle atteinte?

— Non pas pour l'instant. Elle s'occupe des enfants qui ne sont pas atteints.

— Bon. J'ai toujours été efficace pour m'occuper de situation de toutes sortes, mais là Richard, tu m'as bien.

— Nous pourrions demander à ce qu'elle soit enfermée seule jusqu'à ce qu'il n'y est plus de danger.

— Tu peux essayer, mais elle doit être consentante. Je ne suis pas sûre qu'elle veuille laisser les enfants dont elle s'occupe. L'enfermer où? Si l'île est atteinte, elle est peut-être déjà au meilleur endroit avec les enfants.

— Nous pourrions envoyer un bateau pour elle.

— Si elle est dans l'océan Indien, nous n'avons pas de bateau assez gros pour vaguer jusque là. Eux, ils en peut-être un qu'il pourrait utiliser?

— Non j'ai déjà demandé cela.

Richard leva les yeux au ciel en signe de découragement.

— Richard, ton ami le Prince Aja, tu crois qu'il en aurait un qu'il pourrait mettre à notre disposition?

Richard se mit à rire.

— Oui c'est vrai et il me doit un grand service. Je communique avec lui et je te ferai savoir si nous pouvons compter sur lui.

— Bien.

Richard espérait qu'Aja pourrait l'aider. C'était sa seule chance de pouvoir faire quelque chose.

— Aja, c'est moi Richard.

— Richard, ça va?

— Oui, et toi?

— À merveille. Mais que me vaut cet honneur?

— J'ai besoin d'un service.

— Lequel?

Richard lui décrivit la situation en détail.

— J'airais vraiment besoin que cela soit fait immédiatement. J'ai déjà l'accord du Président des États Unis. Et n'oublie surtout pas que tu me dois bien ça.

Aja riait.

— Pourquoi? J'ai toujours été ton ami le plus sage.

— Si je ne t'avais pas sorti de tes conneries au collège, tu serais pendu par les dieux… Veinard.

— Ah oui! C'étaient les belles années ça mon ami. Tout est changé maintenant, on doit travailler. J'en parle à mon frère et je te fais savoir.

Aja parla à son frère et celui-ci acceptait à condition qu'Aja reste sur ce bateau.

— Richard, tu as gagné ton bateau, mais il faut croire que mon frère veut ma mort. Il m'interdit d'envoyer le bateau sans moi. Alors je vais devoir rester avec ta princesse le temps que ça prendra. Tu m'as bien eu ce coup-ci.

— Je suis content, elle ne doit pas apprendre qu'elle est une princesse par n'importe qui. Son père lui a peut-être dit dans sa lettre, mais je n'en suis pas certain. Ne lui dis pas qu'elle est appelée à ses fonctions royales. Je vais m'en charger.

— Tu es très exigeant. Est-elle belle au moins?

— Ah! Ah! Ah! Je ne le sais même pas. Je vais demander une photo à Gustave, il doit certainement en avoir. Mais comme je te connais, ne la saute pas s'il vous plaît.

— Pas tant qu'il y a un risque de contagion, je peux te l'assurer.

— Très drôle. Ramène là moi saine et sauve. Promets-moi que tu ne la sauteras pas.

— Je souhaite qu'elle ne soit pas jolie dans ce cas.

Aja fit préparer un bateau en fonction du rapatriement de la princesse. Il fit faire les modifications nécessaires et ordonna qu'on embarque une équipe médicale complète ainsi que des chercheurs spécialisés dans les contagions.

Arrivée à l'île, ils préparaient le bateau pour que Danna puisse embarquer sans être en contacte avec personne du bateau. Des tuyaux avaient été mis en place de la rampe d'embarquement à ses appartements. Le capitaine du bateau militaire et deux soldats étaient sur le bateau d'Aja.

— Soldat Clark. Veuillez nous suivre immédiatement.

— Bien. ''Pourquoi je me sens soudainement traitée en coupable? Faites que ce ne soit pas le Sergent Johns qui est derrière cela''.

— Ne prenez rien de personnel qui est sur l'île. Nous vous les ferons parvenir plus tard.

— Donc, je sors de l'île?

Personne ne lui répondit. Elle les suivait en silence. Quand elle aperçut le bateau d'Aja, elle s'arrêta.

— Wow!

— Avancez soldat.

— J'ai l'impression de partir pour la prison. Pourquoi me traitez-vous comme cela?

— Nous nous dépêchons, car vous pouvez être contaminée à tout moment. Désolé Soldat Clark, nos ordres sont formels. Vous devez vous diriger vers cette embarcation et ils vous amèneront au bateau que vous voyez là.

Danna n'en croyait pas ses oreilles.

— Quoi? Mais qu'est-ce que j'irais faire sur ce bateau? En plus il porte le drapeau arabe. Je crois avoir le droit de savoir.

— Avancez Soldat, sinon nous allons devoir utiliser la force.

Elle les regarda, elle était offusquée.

— Je dois avoir une explication.

— Elle vous sera fournie à bord du bateau.

— Non. Je ne vois vraiment pas. Je ne comprends pas. Va-t-on m'utiliser comme cobalt ou quoi. Je vois un gros tuyau blanc, les hommes sont protégés…puis-je parler à mon Sergent?

— Non, vous devez vous diriger vers cette embarcation immédiatement. Ceci est votre dernier avertissement.

— Non, j'ai dit non.

Les deux soldats se regardèrent.

— Très bien. J'appelle votre Sergent.

Le capitaine et Aja la regardaient avec des lunettes d'approche.

— Je crois qu'il y a un peu de résistance. La petite princesse est féroce.

— Hum. Je vais lui parler.

Le capitaine prit son téléphone portable et appela les soldats.

— Ici le capitaine. Veuillez me mettre en communication avec le Soldat Clark.

— Oui Capitaine Stewart.

— Soldat Clark. Veuillez s'il vous plaît faire ce que l'on vous dit et je suis présentement sur le bateau arabe. Je vous y attends et vous donnerez des explications quand vous serez à bord.

— Très bien Capitaine Stewart.

Il raccrocha et vit qu'elle acquiesça? Deux personnes vêtues de combinaison l'attendaient dans l'embarcation pour l'amener au bateau d'Aja. Elle fût invitée à suivre le corridor qui avait été érigé pour la diriger directement dans ses appartements.

Une fois arrivé à vos appartements Soldat Clark, veuillez vous assurer que vous refermez bien la porte derrière vous.

— ''Qu'est-ce que c'est que cette mascarade? Est-ce qu'ils pensent que c'est moi qui est propagé le virus ou quoi?''

Elle fit ce qui lui était demandé. Une fois entrée et la porte refermée, elle entendit que la porte se barrait par l'extérieur. Elle entendait quelqu'un qui s'adressait à elle dans un interphone.

— Mlle Clark, veuillez patienter. Une personne viendra s'entretenir avec vous sous peu. Pour que nous puissions vous entendre et vous voir, regarder à droite, il y a une porte. Ouvrez là et

entrez-y.

Elle s'y rendit. Il y avait une grande vitre où elle pouvait voir un endroit similaire de l'autre côté, mais celle-ci n'était pas fermée et ouvrait sur le couloir où un homme semblait surveiller. Un téléphone y était installé de chaque côté pour communiquer. L'homme décrocha le combiné et l'invita à faire de même.

— Bonjour Mlle Clark. Mon nom est Azel. Je suis à votre service, vous pouvez demander pour moi en tout temps. Je vous laisse visiter vos appartements et je reviendrai quand vous aurez terminé votre entretien avec deux monsieurs qui vont se présenter très bientôt.

Danna était bouche bée.

— ''Mes appartements, à mon service, entretiennent avec deux monsieurs…mais je suis tombée dans quoi là. J'étudiais en royaume et tout le tralala et je pourrais jurer qu'il y a de la royauté sur ce bateau…mais pourquoi moi?'' Très bien, merci Azel.

Elle retourna au salon où elle était entrée. Tout était très luxueux, magnifiquement décoré aussi.

Le salon donnait sur une grande terrasse. Elle essaya d'ouvrir les portes, mais ils étaient fermés à clé eux aussi. Elle se sentait bel et bien prisonnière.

— ''Non, mais les portes sont barrées ici aussi. Bon, aucune ne cuisine, on va m'apporter mes repas. Ah! J'ai un bar plein à craquer, mais je ne bois pas. Ais-je bien dit que j'étais prisonnière, hum je vais plutôt me faire traiter comme une reine ici''.

Quand elle ouvrit la porte de la chambre, elle resta stupéfaite de voir l'énorme lit à baldaquin.

— Wow! Magnifique.

Il y avait une salle de bain adjacente à la chambre. Elle n'avait jamais rien vu de si beau, même pas dans les revues. Quatre personnes pouvaient facilement entrer dans la baignoire, la douche était la grandeur de la salle de bain qu'ils avaient dans la maison avec son père. La salle de bain était remplie de produits pour femme pour le bain, la douche, tout ce qu'une femme pouvait désirer pour se pomponner. Elle en ouvrit quelques bouteilles pour les sentir.

— Hum, ça enivre tellement les senteurs sont délicieuses.

Elle continua sa découverte en entrant dans un garde-robe aussi grand que la salle de bain. Il y avait des bancs au milieu pour s'asseoir, des tiroirs, des commodes, des miroirs, ainsi qu'un bureau pour le maquillage qui était plein aussi. Finalement tout au fond, elle découvrit les penderies où une garde-robe complète et même beaucoup plus que complète avait été mise à sa disposition.

— Bizarre, le linge est tout à la bonne grandeur, même les souliers et même les soutiens-gorges. À moins qu'ils m'aient installé dans la chambre d'une femme qui est de la même grandeur que moi. Je crois qu'il y a un problème. Je vais demander à retourner sur l'île sur le champ.

Elle se dirigea dans la pièce de communication. Azel s'avança immédiatement.

— Azel. On m'a dit que mon capitaine serait ici. Pourriez-vous lui demander de venir s'il vous plaît?

— Oui Mlle Clark, je l'avise immédiatement.

Son capitaine venait d'apparaître derrière lui avec un autre homme qui semblait arable.

— ''Le bateau doit lui appartenir. Il est beau avec ses cheveux couleur jade et ses yeux d'un noir si profond. Avec ce complet, il est à craquer. Mais qui est-il?''.

— Vous pouvez disposer Azel.

— Bonjour Soldat Clark.

— Bonjour capitaine. Je veux retourner immédiatement sur l'île.

Le capitaine n'eut pas le temps de répondre.

— Bonjour Danna.

— Je suis Soldat Clark, monsieur.

— Alors bonjour Soldat Clark. Je vais commencer par vous dire que vous êtes relevée de vos fonctions sur le champ.

Elle regarda le capitaine pour lui soutirer des explications.

— Capitaine, s'il vous plaît expliquez-moi. Je n'ai fait rien de mal qui me vaudrait cela et tout ça semble une mascarade.

— Ceci est loin d'être une mascarade Danna.

— Alors, expliquez-moi qu'on en finisse et que je puisse retourner sur l'île auprès des enfants.

— Premièrement, je me présente. Je suis le Prince Aja, je suis arable. Vous pouvez m'appeler Prince Aja.

— Ah! Ah! Ah! Et quoi encore?

— Ne soyez pas insolente, vous comprendrez votre chance bientôt.

Danna leva les yeux au ciel.

— Je suis prisonnière de ses murs et j'ai de la chance! Non, mais franchement. On m'enlève contre mon gré, on m'expédie sur un bateau arable en plus et vous osez me dire que j'ai de la chance. Je veux retourner à l'air libre. Si je ne peux plus être soldat et bien je vais y aller volontairement.

— Bon! Deuxièmement…vous ne faites plus partie de l'armée des États Unis.

— De quel droit, dis-moi?

Elle les regarda à tour de rôle.

— Troisièmement, je dois savoir si votre père vous a déjà parlé de vos origines.

Danna repassait mentalement toutes les fois où son père lui avait compté des histoires de princes et princesses ainsi que leur mode de vie, leurs obligations envers leur peuple, mais rien ne laissait croire qu'elle appartenait à cette hiérarchie. C'est toutes ces histoires qui l'avaient poussé à faire des études en histoire de la royauté. Cela la passionnait.

Vous ne répondez pas, alors je vous explique.

Le capitaine décida de prendre congé. Danna et Aja le saluèrent.

— Votre père Pierre Clark était un prince d'Europe. Son vrai nom à la naissance était le Prince Pierre de Caroussel.

Danna partit dans un fou rire.

— Attendez là Aja, vous vous méprenez. Mon père était boulanger et il l'a été toute sa vie.

— S'il vous plaît, veuillez m'appeler Prince Aja et veuillez ne plus m'interrompre.

— ''Non, mais il se fou de moi. Il est en train d'essayer de changer ma vie et je ne dois pas réagir. Je ne suis pas fait de glace comme lui semble être fait''. Bien.

— Comme je disais, votre père était prince avant de s'enfuir avec votre mère pour ensuite vous avoir cinq ans plus tard.

— Merde, c'est quand même vrai que je suis née cinq ans après leur mariage. Mon père était-il vraiment prince?

— Oui. Votre cousin, le Prince Richard de Carillion m'a demandé de venir vous repêcher.

Danna arqua les sourcils.

— Me repêcher! Je ne suis pas un poisson et ni en train de me noyer…Prince Aja. ''Quel beau nom Aja, cela lui va bien''.

— Aja soupira ''quel sale coup mon Richard. Elle est juste comme je les aime, belle comme un ange et vorace avec ça''. Bien alors il m'a demandé de venir vous chercher et de vous embarquer sur mon bateau pour vous protéger jusqu'à ce que je puisse vous conduire à lui.

— Quand partons-nous?

— Nous ne partons pas avant que la raison de la contagion soit trouvée et maîtrisée.

— Oh là là! Vous êtes fou je ne peux pas rester enfermer comme une prisonnière. Cela peut prendre des mois et des mois à trouver.

— Calmez-vous Princesse Danna?

Elle leva la tête et les yeux au ciel.

— Non, non, non. Ne m'appelez pas princesse par-dessus le marché. Je n'ai rien accepté et je n'ai rien d'une princesse.

— Ce sera la façon dont tous devront vous appeler à partir de maintenant.

— Merde!

— Princesse, s'il vous plaît.

— Tu le fais exprès hein!

— ''Rebelle en plus''. Écoutez, nous allons prendre une journée à la fois. Vous aimez les enfants avec lesquels vous étiez sur l'île?

— Oui beaucoup.

— J'ai amené avec moi une équipe de chercheurs qui vont aider les équipes déjà en place. Alors le travail sera redoublé. Votre cousin, le Prince de Caroussel à aussi envoyer une équipe. Tout cela, juste pour vous Princesse Danna.

Danna ouvrit la bouche pour parler, mais Aja leva la main en signe de protestation.

— Si vous décidez que vous ne voulez rien de tout ça et que vous voulez repartir sur l'île, alors je me verrai dans l'obligation de partir avec mon équipe de chercheurs, ainsi que l'équipe de votre cousin…

— Ah! je sais…Le Prince de Caroussel.

Elle se leva et partit dans sa chambre sur-le-champ sans lui dire au revoir.

— Ils m'ont au chantage et je suis maintenant PRINCESSE DANNA. Comment a-t-il pût me faire ça et ne pas m'informer. C'est vrai qu'il m'a tellement parlé de la royauté, je le trouvais bon conteur d'histoire pour un boulanger. Mais vraiment, ce n'était pas des histoires, plus tôt son histoire.

Aja retourna dans ses appartements et appela le capitaine.

— Elle n'est pas très contente, j'ai dû utiliser le chantage, mais bonne. Je suggère que nous nous réunissions une fois par semaine avec les chefs des équipes de chercheurs.

— Très bien.

Danna décida de se laisser aller à prendre un bain. Elle relaxa pendant une heure. Ensuite, elle mit un drap de bain autour de son corps pour se rendre dans la penderie. Tout était à sa pointure. Elle choisit ce qu'elle voulait mettre et apporta le tout sur l'énorme lit.

Comme elle laissa tomber le drap de bain par terre, elle leva la tête et vit un homme debout à une des portes-jardin du salon. Il se retourna pendant que Danna reprenait son drap de bain à la hâte.

Elle s'approcha à la fenêtre et frappa. Elle cria au Prince Aja.

— Que fais-tu là?

— Désolé.

Il lui fit signe d'attendre un instant. Il se rendit à sa chambre juste à côté et l'appela avec son téléphone.

— ''Il croit que je me balade toujours en drap de bain. Qu'il attende que je m'habille au moins''.

Après avoir été habillée et présentable, elle alla complètement fermer tous les rideaux du salon et se rendit la pièce de communication.

— Où est le Prince?

— L'homme fût surpris par sa rudesse envers son prince.

— Le prince est reparti Princesse Danna, vous ne lui aviez pas répondu.

— Je ne réponds pas toute nue.

L'homme serra les lèvres, se ferma les yeux en comprennent l'erreur qu'il venait de faire.

— Désolé Princesse Danna, je le fais demander immédiatement.

— Lâchez-moi avec cette princesse. Appelez-moi simplement Danna.

Le Prince Aja arriva dans la minute qui suivit et congédia le garde.   Il lui fit signe de prendre le téléphone pour que personne ne puisse entendre, il baissa la voix.

— Je suis vraiment désolé pour l'incident de notre terrasse.

Danna ouvrit grand les yeux.

— Oui Princesse Danna, c'est la terrasse que nous partageons. Quand vous serez libre, vous verrez.

— Je ne savais pas que cette terrasse vous appartenait aussi.

— Elle communique avec mes appartements et les vôtres.

— Dieu merci dans ce cas que mes portes sont barrées.

— ''Si elle savait que j'ai la clé de sa prison en or''. Je suis vraiment désolé et je resterai de mon côté désormais. Je suis retourné sur la terrasse, car vous ne vouliez pas me répondre et..

— Comme j'ai dit à votre serviteur, je ne réponds pas nue.

— ''Elle m'allume constamment cette petite garce. Ah! Richard que m'as-tu fait?'' Encore désolé, j'aurais dû vous laisser le temps de vous habiller.

— ''Merde, je me sens mal maintenant''.

— Veuillez ouvrir vos rideaux Princesse Danna, le soleil et la clarté seront importants pour vous dans les jours qui suivront.

— Vous voulez dire que je ne pourrai pas mettre un pied dehors?

— Non, je regrette. Pas avant que nous puissions déterminer que vous ne pouvez pas contaminer le bateau.

— Mais alors, pourquoi ne pas me laisser descendre et retourner à mes occupations?

— Non princesse Danna, vous n'êtes plus un soldat.

— Alors, je veux y retourner comme bénévole.

— Impossibles, les risques sont trop grands pour que vous puissiez être contaminée.

— Merde!

Elle frappa le téléphone sur la table et grogna comme un animal.

— ''Petite vorace''.

— Quand vais-je avoir l'honneur de rencontrer ce charmant cousin qui a fait de ma vie un enfer?

— Je ne crois pas qu'il est prévu de venir jusqu'ici. C'est moi qui suis le devoir de vous amener à lui.

— Hé bien merde! Dites-lui de ramener ses fesses ici ou je demande à retourner sur l'île immédiatement

— Très bien, calmez-vous Princesse…

— Lâchez-moi avec votre princesse, appelez-moi tous Danna. Je n'ai pas accepté ce...poste ou titre. Peu importe, je ne veux rien savoir de tout cela.

— Vous êtes princesse de sang Danna. Ce n'est pas quelque chose que nous acceptons ou pas.

— Mon père n'a pas accepté lui. J'ai cru comprendre qu'il avait choisi l'amour et la liberté.

— Oui, vous avez raison. Il n'y a qu'une journée que vous êtes ici. Vous devriez consentir à nous donner un peu de temps.

— Je ne reviendrai pas sur ma décision. Dites-lui bien cela et il me doit des explications, alors je n'attendrai pas que monsieur dispose de moi à sa guise entre temps, je ne suis pas une marionnette.

— Très bien, je communique avec lui immédiatement. Il vous appellera sous peu.

— Non, mais vous n'avez rien compris. S'il est capable de me mettre dans cette situation, j'exige qu'il se déplace jusqu'ici.

— Bien Princesse...je veux dire Danna, je lui fais le message. Un petit conseil par contre.

— Lequel?

— Ne vous adressez pas si brusquement à lui et surtout, ne lui parlez pas d'apporter ses fesses ici, il le prendrait très mal.

Danna se retourna pour se rendre dans ses appartements en souriant.

Trois jours plus tard, le Prince Richard se présenta avec la Princesse Valérie.

— Bonjour Princesse Danna, je suis votre cousin le Prince Richard de Caroussel et voici ma soeur, votre cousine la Princesse Valérie de Caroussel.

— Bonjour à vous deux. Je requiers ma liberté. Je veux retourner à mon poste dans la marine des États Unis.

— Il m'est malheureusement impossible de vous accorder cela Princesse Danna.

— Vous voulez bien m'appeler simplement Danna.

— Très bien, en privé seulement.

— Faut pas s'inquiéter pour cela, comme tu peux voir, tu m'as mise en prison et je suis très seule, mais pas privée par contre.

— Que voulez-vous dire?

— Laissez tomber.

— Vous ne faites plus partie de la marine des États unis parce que vous êtes une Princesse de Caroussel et que vous ne pouvez qu'appartenir à notre armée seulement.

Danna prit un air hautain comme Richard et lui répondit.

— Depuis quand mon cher Prince de Caroussel, une citoyenne américaine ne peut pas servir son pays?

Richard était agacé par son audace, tandis que Valérie se pinçait les lèvres pour ne pas rire.

— Écoutez Danna, vous êtes née en Europe.

— Quoi? Je suis née en Europe?

— Oui Danna. Votre père vous a fait avoir la citoyenneté américaine. Je vous ai reconnu comme Princesse de Caroussel, vous devez vous conformer aux règles et ne servir que pour notre pays.

Danna arqua les sourcils en faisant la grimace.

— Cette histoire commence sérieusement à me taper sur les nerfs.

— ''Hé moi donc! j'aurais dû la laisser où elle était''.

— Veuillez prendre note Danna que maintenant que vous ne faites plus partie de l'armée, il vous est impossible de retourner à cette mission et nulle part ailleurs, car vous pouvez être contaminée.

— ''Sale enfoiré, tu m'as bien eu''

— Danna, je te comprends et si tu permets, j'aimerais pouvoir te rendre visite à nouveau.

Danna regardait Valérie. Elle ne savait quoi lui répondre. Finalement, elle lui fit signe que oui.

— Pourquoi mon père se nomme Pierre Clark et que vous dites qu'il se nomme Prince Pierre de Caroussel?

— Il a pris le nom de votre mère au moment de leur mariage.

— Pourquoi n'est-il pas retourné vers son frère à la mort de ma mère?

— Je ne saurais vous répondre, peut-être l'orgueil.

— Danna, pourquoi ne vous êtes-vous pas présenté à moi de votre plein gré comme votre père le demandait dans la lettre?

— Une lettre, mais quelle lettre?

Richard fronça les sourcils.

— Vous n'avez donc pas reçu la lettre de votre père après son décès?

— Non, il m'a laissé une lettre tu crois?

— Oui, j'en suis sûre. Il l'écrit dans la lettre qui m'a été adressée.

— Je n'ai trouvé ou reçu aucune lettre.

— J'ai reçu la mienne trois semaines après son décès.

— Trois semaines plus tard. Je me suis engagée dans la marine une semaine après sa mort. Elle est peut-être toujours à la partie où j'habitais. J'ai un ami là bas qui surveille mon bateau. Je vais communiquer avec lui pour qu'il puisse me renseigner.

Danna avait les larmes aux yeux.

— Excuse-moi Danna, je croyais que tu savais.

Elle partit pour ses appartements. Elle s'effondra sur son lit et pleura toutes ses larmes.

— ''C'est papa qui m'a fait ça. Il m'a enlevé ma liberté. Pourquoi ne m'a-t-il pas préparé à ça?''

Richard alla voir Aja.

— T'as aimé visiter ta princesse?

— Hum, n'en mets pas plus. Elle est très fâchée, mais je comprends maintenant, elle n'a pas reçu la lettre de son père.

— Elle n'est pas heureuse Richard. Je suis sûre que tu as pu le constater. Elle ne veut même pas que je l'appelle Princesse.

— Je sais, elle m'a dit la même chose. Comment vont les recherches?

— On m'a informé que cela pouvait prendre des mois.

— Des mois!

Danna pleura pendant des heures. La mort de son père adoré, la perte de sa vie qu'elle aimait tant en Californie et maintenant ça. Elle finit par sombrer dans un sommeil profond.

— Est-elle éveillée?

— Non. Je ne crois pas mon prince. Je n'ai entendu aucun bruit.

— ''Elle n'a pas non plus ouvert les rideaux''.

Elle s'éveilla à l'aube et repensait à tout ce que Richard lui avait dit. Elle se leva et alla dans la chambre de communication.

— Veuillez demander à ce que je puisse avoir une copie de la lettre qui a été envoyée au Prince Richard.

— Oui Princesse Danna. Je vais aussi vous faire parvenir un déjeuner. Vous n'avez pas touché à votre repas hier.

— Non, merci. Juste la lettre.

Elle retourna pour appeler à son ami.

— Bonjour Patrick. C'est Danna. Ça va?

— Oui, ça va très bien et toi? Que ce passe-t-il?

— Ah! Plein de choses.

— Pourquoi m'appelles-tu la nuit?

— Désolé, je n'ai pas pensé au décalage horaire. Je voulais te demander s'il te serait possible de voir si je n'aurais pas une lettre qui aurait été envoyée après la mort de mon père. Je viens d'apprendre cela.

— Et tu crois que la lettre serait ici à t'attendre?

— Oui. J'en suis certaine. J'ai débuté à faire suivre mon courrier à l'armée juste avant mon départ, mais je sais que tu as récupéré quelques lettres la première semaine de mon départ.

— Oui, je m'en occupe aujourd'hui. Où dois-je te rappeler?

— Oh! Je ne sais pas exactement…je suis en mission sur une île.

— Tu te plais?

— Oui. Bon, c'est moi qui te rappelle. Merci Patrick, et encore désolé de t'avoir réveillé.

Danna se recroquevilla sur le canapé et ses larmes se remirent à couler. On l'appelait à la salle de communication. Elle sécha ses larmes et s'y rendit. Aja était là avec une copie de la lettre. Il la regarda et lui fît signe de prendre le téléphone.

— Bonjour Danna

— Bonjour Prince Aja.

— C'est Prince maintenant?

— Bien, tu as la lettre?

— Oui, je vais la passer sous ta porte ou plutôt, je vais devoir l'ouvrir et la déposer par terre.

— Bien, j'ai hâte de la lire.

— Je te comprends Danna, mais avant, on me dit que tu ne veux pas manger encore aujourd'hui.

— Je n'ai pas faim, peut-être plus tard.

— Tu te rendras malade Danna. Tu dois ouvrir tes rideaux et tu dois manger. Je suis responsable de toi.

— Je le ferai, mais je suis la seule responsable de moi-même.

— Je vais aussi déposer tes choses personnelles que le capitaine a envoyées.

— Merci

Danna prit la boîte et s'installa sur son lit pour lire la lettre. Elle regarda la photo de son père.

— ''Pourquoi m'as-tu fait cela?''

Le lendemain, elle n'avait toujours pas mangé et ce matin, n'avait répondu à aucun appel. Aja avait la salle de bain adjacente à celle de Danna. Il l'avait entendu faire couler l'eau. Il était quand même très inquiet pour elle. Finalement, elle ne commençait à manger que le lendemain, mais très peu, et les trois jours qui suivirent aussi. Puis elle reçut finalement la fameuse lettre de son père qui contenait six pages. Celle-ci se résumait à l'histoire de ses parents ainsi que la demande de se présenter au Palais de Caroussel en Europe.

Elle se remit à pleurer de plus belle et de ne pas manger.

— Faites-moi préparer un menu varié froid et un panier de fruits.

— Bien mon prince.

À la nuit tombée quand le personnel actif était réduit au maximum, Aja prit le charriot roulant et se dirigea pour les appartements de Danna en passant par la terrasse. Il entra sans faire de bruits et referma la porte à clé. Il se dirigea vers les canapés du salon quand il aperçut Danna qui dormait sur l'un des canapés. Son peignoir était ouvert sur une peau laiteuse qui semblait si douce. Aja pouvait voir sa cuisse découverte jusqu'à sa fesse droite. Il pouvait voir un de ses seins tout roses.

— ''Elle ne m'aide pas et moi non plus, je ne devrais pas regarder. Je dois essayer de la couvrir avant qu'elle s'éveille, sinon, elle va être fâchée contre moi la petite tigresse''.

Il alla dans la chambre pour une couverture, mais à son retour, elle était assise, avait ajusté son peignoir et regardait le plateau.

— Ah non! Encore toi.

Tout à coup, en voyant la couverture qu'il avait dans les mains et qu'elle avait dû se couvrir à son réveil, elle comprit.

— Tu sais que je pourrais dire que tu es un vrai voyeur.

Aja leva les mains et les yeux au ciel.

— Tais-toi Danna. On ne doit pas nous entendre et surtout pas savoir que je suis entré ici, car je serai obligé comme toi, à rester confiné à mes appartements.

— Cela t'apprendrait à ne plus faire le voyeur.

Elle débuta à crier, il mit sa main sur sa bouche si vite. Elle le mordit.

— Tu veux vraiment cohabiter avec moi?

— Non, tu resteras de ton côté.

— Arrête de crier.

Elle venait pour recommencer à crier de nouveau, mais il l'embrassa sans préliminaire. Elle resta tellement surprise qu'elle ne participait pas au baiser au début, mais elle n'essayait pas non plus de le repousser. Puis lentement, elle l'embrassa à son tour. Elle mit ses mains sur le torse d'Aja. Il la lâcha pour la regarder dans les yeux.

— ''Que m'arrive-t-il? Que me fait cette merveilleuse créature?''

Elle le repoussa doucement.

— Va-t'en Aja.

— Pas avant que tu ne sois mangé. Je n'ai pas pris ce risque pour rien.

— Je n'ai pas faim.

— Alors je ne pars pas, c'est simple.

Elle attrapa une banane et quelques fraises au passage.

— Tu es content là? V'a-t'en.

— Bien. Je te laisse le plateau et quand tu en auras terminé, tu pourras le mettre près des portes-jardin. Je reviendrai le reprendre moi-même.

— Pour m'épier encore? As-tu appris à frapper aux portes chez toi?

Il se retourna pour partir.

— Hé! Si tu as osé entrer dans mes appartements sans frapper, laisse-moi prendre un peu d'air pour te faire pardonner.

Il la regarda quelques instants.

— Très bien, je laisse ouvert pour que l'air puisse entrer, mais ne sort pas. Je suis censé suivre des consignes très strictes que l'équipe médicale m'a remises.

— Promit Aja, merci.

— ''Je vais pouvoir te faire payer tes insolences, beau prince aux yeux noirs''.

Une heure plus tard, Danna sortit sur la terrasse. Elle se glissa le long du mur, elle y resta un moment à sentir la brise sur son corps et à regarder les étoiles. Puis soudain elle regarda les porte-jardin d'Aja.

— ''Il est temps de payer ton audace mon beau prince''.

Elle entra sans difficulté. La porte de chambre était ouverte. Elle laissa une ouverture dans les rideaux pour que le clair de lune pénètre. Elle regardait les photos placées ici et là, elle regardait ses albums de musique. Elle était curieuse à propos de lui, mais pourquoi, elle ne le savait pas, elle blâmait cela sur le fait d'être enfermé? Elle ouvrit le réfrigérateur et y trouva du champagne, du vin blanc, de la bière et des jus de fruits. Elle prit une bouteille de vin blanc.

— ''Pourquoi pas''?

Elle l'ouvrit, dénicha un verre et se versa une jolie portion. Elle déposa la bouteille sur la table du salon et avec son verre, elle entreprit de continuer sa visite. Elle entra dans son bureau où il n'y avait rien qui démontrait que cet homme travaillait. Elle toucha une clé sur le clavier et un fond d'écran apparût. C'était lui avec quatre autres hommes. Ils se ressemblaient tous, probablement sa famille. Ses yeux se tournèrent vers la chambre d'Aja. Elle s'y dirigea doucement. Aja semblait bien dormir, mais elle ne le voyait pas bien, la chambre était plongée dans la noirceur. Elle alla faire une fente dans les rideaux. Elle se retourna et fût surprise de voir qu'il dormait complètement nu.

— ''Ah! Ouf! Qu'il est beau, si beau! Il me donne l'envie de lui toucher. J'aimerais me coller à son torse, sentir sa chaleur''.

Elle l'examina longtemps avant de passer voir sa salle de bain. Elle y entra et referma la porte avant d'ouvrir la lumière. Celle-ci était exactement comme la sienne, comme tout le reste d'ailleurs. Elle sentit ses eaux de Cologne, ses parfums, ses savons et ses sens s'éveillèrent dramatiquement. Elle se rappela comme il sentait bon quand il l'avait embrassé si tendrement.

Entre le vin, les senteurs et la vue d'Aja nu sur son lit, elle mouillait.

— ''Merde, je dois sortir d'ici. Qu'est-ce que je fais là?''

Quand elle sortit de la salle de bain, elle entendit un déclic. Aja s'éveilla, se leva la tête puis soudan, il se laissa retombé le front sur son oreille.

— ''Ouf!''

— Ha non! Ne me dites pas qu'ils savent que je lui ai rendu visite, je crois qu'ils ont fermé à clé.

— 'Ha non, je ne veux pas être confinée avec lui. Ils vont surement le laisser sortir lui''.

Elle entra à nouveau dans la salle de bain et laissa les lumières éteintes. Aja se leva. Il se rendit à la salle de bain et ouvrit la lumière. Danna était derrière la porte qu'il n'avait pas refermée. Elle avait le souffle coupé. Il se dirigea vers le cabinet de toilette et quand il débuta à uriner, elle voulait sortir, mais trop tard.

— Arrêtez Aja, je ne vais pas regarder, mais il faut que je sorte d'ici.

Il ouvrit grand les yeux.

— Que fais-tu ici Danna? Je t'ai dit de ne pas sortir.

Elle ne l'entendait pas, elle était déjà au salon.

Il arriva en un éclair avec un drap de bain au tour de sa taille. Il alla directement pour la porte. Quand il vit qu'elle était belle et bien barrée, il se retourna avec les lèvres serrées.

— Tu m'avais promis.

— Toi, tu ne m'as jamais demandé d'entrer et tu es entré pour me voir presque nue.

— Que faisais-tu dans ma salle de bain? Et que fais-tu avec du vin…tu t'es servie?

Elle leva les sourcils et elle lui fît signe en levant son verre.

— Y'avait pas de serviteur, j'ai dû le faire moi-même.

— Tu réalises ce que tu as fait?

— Hum, oui et pour ce qui est de la salle de bain, je visitais.

— Tu te permets beaucoup pour une invitée Danna.

— Je suis sûre que tu ne veux pas savoir pourquoi les rideaux de ta chambre sont un peu ouverts.

Danna ne buvait jamais plus d'un verre et elle avait pratiquement bu la bouteille seule. Elle n'avait pas bien mangé ces derniers jours alors l'alcool redoublait son effet. Aja se pinça les lèvres.

— Je peux facilement imaginer. Tu as pu m'admirer à ta guise j'espère?

Danna se mordit la lèvre et fit signe que oui. Elle le provoquait. Aja baissa les sourcils d'un air surpris. Il voyait qu'elle avait trop bu. Il alla s'asseoir près d'elle et lui enleva le verre des mains.

— Qu'est-ce que tu fais Danna, tu t'enivres?

— Elle est très petite au repos.

Aja ferma les yeux et grogna.

— ''Comment pouvait-elle être aussi arrogante et si belle? Pourquoi me provoque-t-elle à ce point?''

— Merci ma chère Danna, mais tu sais bien qu'elle était au repos et que...ah non Danna! Tu es vierge hein?

Elle souriait toujours et lui fit signe que oui.

— Et tu….Ah Danna!

Il se leva pour se rendre dans sa chambre mettre un pantalon et revint près d'elle.

— Viens je te ramène dans ta chambre.

Il la prit dans ses bras, elle mit ses mains autour de son cou et sa tête dans son cou.

— ''Hé bien là! ma chère Danna, si tu la voyais…elle n'est définitivement plus toute petite''.

Il l'apporta dans sa chambre pour ensuite retourner de son côté. Il décida qu'il avait besoin d'une douche froide avant d'essayer de se rendormir.

Au matin, quand il essaya d'ouvrir la porte pour sortir de ses appartements, elle était bien barrée. Il appela le capitaine.

— Prince Aja, comment puis-je vous aider?

— Vous le savez très bien. Venez débarrer ma porte.

— Désoler mon prince, vous savez que je ne peux pas. Vous avez bien mentionné que les consignes seraient appliquées même pour vous.

— Écoutez, je ne l'ai pas touché. Je suis juste venu lui apporter un charriot de nourriture pour qu'elle mange, cela m'inquiétait.

— Vous m'en voyez désoler mon prince. Une combinaison aurait été nécessaire.

Il raccrocha violemment.

— ''Hé voilà! Elle m'a eu sur toute la ligne. En plus, je ne peux même pas m'amuser avec elle, elle est vierge et Richard me tuerait. Oh! Elle m'a tellement eu. Et comment puis-je avoir une érection à penser à une femme qui en riait cette nuit? Comment a-t-elle osé me dire une chose pareille?''

Il commanda le déjeuné pour deux et alla de son côté, il entra sans frapper. Il se rendit directement dans la chambre et la réveiller pour

qu'elle se rende sur la terrasse avec lui pour
mange. Quand il entra, il la trouva endormie. Elle
dormait paisiblement. Il s'assit près d'elle sur le lit
et lui caressa les cheveux. Il l'embrassa sur la
joue. Toute sa rage avait disparu en la voyant. Elle
semblait si pure, si délicate et si belle.

— Danna, Danna réveille-toi. Il faut manger.

Elle ouvrit les yeux et le regarda. Elle se
retourna et son peignoir s'ouvrit. Il sourit.

— Tu sais que tu as de très petits seins Danna.

Elle replaça vite son peignoir et se retourna sur
le ventre.

— Va-t'en, ils sont à moi et je m'en contente
bien.

— Si tu ne veux pas que je les excite, tu vas
devoir venir manger. Ah! Ah! Ah! Je t'ai fait venir
du jus de fruits, si cela peut t'aider. Je compte
jusqu'à trois.

Elle ouvrit de grands yeux.

— ''Il a bien dit les exciter''.

Son bas ventre se mit à brûler maintenant. Elle était toute mouillée et ses seins ne semblaient pas en avoir besoin de plus que ses paroles.

— Sors d'ici. Je vais prendre une douche et te rejoindre. ''Je ne me rappelle pas pour hier, aurais-je…est-ce que nous avons couché ensemble?''

— Tu as eu peur hein? Ne t'en fais pas, je ne prends jamais une femme sans son consentement ou quand elle a trop bu.

— ''Ouf!''

Elle arqua soudain les sourcils.

— Mais, que fais-tu ici?

— Tu te demandes vraiment. C'est de ta faute. Oh! Nous cohabitons maintenant ma chère Danna. Tu m'as bien eu hier.

— ''Ah non! Qu'est-ce que je fais? Cette fichu pimbêche me fait jusqu'à oublier mon titre, le respect et la galanterie que je suis censé avoir en tout temps''.

Il alla s'installer sur la terrasse jusqu'à ce qu'elle vienne le retrouver. Ils discutèrent tous les deux de leur vie respective. Elle riait des anecdotes qu'Aja lui racontait à propos de lui et ses quatre frères, aussi de Richard qui l'avait sorti du pétrin à plusieurs reprises.

— C'est comme ça qu'aujourd'hui, je me retrouve confiné sur mon propre bateau avec une jolie princesse audacieuse.

Il la regarda avec un sourire.

— ''Qu'elle est belle quand elle rit comme cela! Ah Aja! Pense à autre chose. Je vais devenir fou d'être avec elle en permanence''.

Il se leva.

— Je suis désolé Danna, je dois me mettre au travail.

— Tu travailles?

— Oui, un monde ne se gouverne pas seul.
Sahil le gouverne, mais les quatre autres lui
aidons.

— Bien, je vais retourner me reposer.

— Je te revois au dîner.

— Oui, bien sûr Aja.

Il la regarda s'éloigner. Il soupira et entra dans
ses quartiers.

Sept jours plus tard, ils étaient toujours
confinés dans leur chambre. Richard avait fait
parvenir à Aja le dossier complet de la vie de
Danna. Il avait pu lire qu'aujourd'hui était le jour
de son anniversaire de naissance. Elle avait vingt-
quatre ans. Il lui avait fait venir une breloque
argentée sertie de diamants. Elle était princesse
après tout.

En matinée, elle reçut la visite de la Princesse
Valérie. Toujours par la salle de communication,
elles discutèrent.

— Bonjour Valérie.

— Bonjour Danna. Je suis venue te voir pour te souhaiter un joyeux anniversaire de naissance.

— Ah! Merci, c'est gentil. Mais comment sais-tu que c'est aujourd'hui?

— Hé bien Danna, nous avons eu ton dossier complet de nos services secrets.

— Hé bien! C'est pire que je croyais.

Valérie sortit un boîtier et l'ouvrit.

— Voici pour toi. C'est Richard qui te l'envoie. C'est un des bijoux de famille. Habituellement, il ne doit pas sortir du palais princier.

— ''Tiens donc Danna! Tu avais oublié le palais pour les princes et les princesses. Je suis probablement tombé dans un conte de fées''.

— Nous avons fait une exception à la règle. ÉTu pourra l'admirer à ta guise et le porter ce soir. Je le laisserai à la porte de ta chambre et après l'avoir admiré et porté, tu pourras demander à Aja de le mettre à l'abri dans son coffre fort. Moi ou Richard reviendrons le prendre dans une semaine environ.

— Bien, merci beaucoup Valérie. Mais il ne fallait pas le sortir du palais pour moi.

— Si, si. En plus d'être confiné si longtemps et ne pas recevoir de cadeaux en plus, pas question. Je me suis aussi permis quelques autres cadeaux qui seront aussi mis à ta porte.

— Valérie, il ne fallait pas. C'est si gentil à toi. Merci encore.

Valérie chuchota dans le combiné.

— Je l'ai fait avec grand coeur, j'adore faire les magasins. Tu préféreras probablement même les autres cadeaux à ce bijou même s'il est d'une valeur inestimable.

Valérie fît une pose et reprit avec un grand sourire.

— Le Prince Aja n'était pas là pour m'accueillir. J'ai su qu'il sait sacrifié pour te tenir compagnie.

Danna partit d'un rire fou.

— Ah! Ah! Ah! C'est ce qu'il...

Aja arrivait, il avait le pressentiment que ces deux-là étaient pour rire de sa situation. Il était arrivé au bon moment. Il coupa Danna en lui mettant la main sur l'épaule et en attrapant le combiné du téléphone.

— Bonjour Princesse Valérie, quel plaisir de te revoir.

Danna lui pinça la jambe.

— Ail! Oh désolé, j'ai mis mon pied sur quelque chose de transperçant. Fais attention Danna, je le ramasserai ensuite.

— Tu veux que je me penche pour regarder?

Il serra les dents et regarda Danna.

— Non.

Valérie avait très bien compris ce qui était arrivé. Elle connaissait très bien l'ami de son frère. Danna le taquinait et elle adorait voir qu'une femme gagne sur lui.

— Je dois retourner maintenant. Mais s'il vous plaît Prince Aja, assurez-vous de prendre le bijou donc mon frère vous a parlé immédiatement.

— Sans faute, je me dirige à la porte tout de suite. Au plaisir de te revoir Princesse Valérie.

Les deux princesses se firent un au revoir et Aja alla prendre le bijou et les multiples cadeaux pour Danna.

— Voilà le dernier. Mais qu'est-ce qu'elle a pensé? Oh! Voici le merveilleux bijou pour toi Danna.

Il se pencha vers elle et l'embrassa.

— Tu veux l'essayer?

— Hum, non.

— Tu me surprends toujours Danna. Tout ce que je connais des femmes en règle général ne s'applique pas à toi. Tu me déroutes.

— Je suis simple et je tiens à le rester.

— Très bien. Je vais le mettre sur ta commode dans la penderie et s'il vous plaît, fais-moi le plaisir de le porter ce soir.

— J'y penserai.

— Bon maintenant, je vais chercher le champagne et tu commences à ouvrir tout ça.

— Il n'est pas un peu tôt pour du champagne?

— Oui pour toi, je te le servirai avec jus d'orange.

— Ah bon! Très bien.

Elle déballa quelques cadeaux avant le retour d'Aja. Elle avait déballé des ensembles qui comprenaient du tailleur au sous-vêtement en passant par les chaussures, la bourse et les bijoux. Il la trouva dans la penderie à s'admirer dans un long miroir. Elle avait à l'avant d'elle une longue robe rouge. C'était une robe moulante et ouverte au dos. Valérie avait pris soin de lui écrire que cette magnifique robe se portait sans sous-vêtements.

— Elle t'ira à merveille avec tes jolis yeux bleus et tes cheveux dorés.

Elle lança la robe sur le banc et retourna au salon sans le regarder.

— S'il vous plaît Danna, porte là ce soir avec ton bijou de familial.

— Nous verrons.

Elle ouvrit tous ses cadeaux en buvant son champagne.

— Fait-elle toujours autant de cadeaux?

— Oui, elle a une maladie du magasinage comme Richard dit.

— Je vais devoir savoir quand est son anniversaire de naissance pour ne surtout pas oublier de lui acheter des cadeaux. Moi je suis tout le contraire, je déteste faire les magasins.

— Son anniversaire est le douze juillet. Elle va avoir vingt-deux ans.

— Merci. Toi Aja, tu as quel âge?

— Trente un ans.

— Et ta date d'anniversaire?

— Le quatorze mai.

Elle lui sourit.

Aja connaissait très bien les problèmes de la famille royale de Richard. Il était marié, mais il avait été déclaré stérile et Valérie ne voulait rien savoir du mariage et encore moi des enfants. Richard avait confié à Aja qu'il croyait que sa soeur préférait les femmes plutôt que les hommes. Alors Danna leur était indispensable.

— Danna, j'aimerais officiellement t'inviter à un souper sur la terrasse à 19h00.

— Aja, tu es drôle. Nous mangeons toujours sur la terrasse.

Il se leva, la prit par les hanches. Il la regarda dans les yeux et l'embrassa tendrement.

— Ce soir c'est très différent Danna, c'est pour ton anniversaire.

Elle lui répondit avec un air taquin.

— Bien, j'y serai. ''Il m'a encore embrassé. Je voudrais tant rester lové dans ses bras, sur son torse''.

Valérie lui avait donné parmi ses multiples cadeaux, une valise de produits de manucure complète ainsi qu'une de maquillage. Elle avait aussi des produits pour le bain et le corps qui avaient des arômes à faire chavirer n'importe quel homme. Elle décida de prendre un long bain et s'amusa à se faire une beauté pour son souper avec Aja. Elle monta ses cheveux avec la broche que Valérie lui avait ajoutée. Elle fit glisser ses pieds dans des sandales de verre et mise le bijou familial. Peut-être c'est ce qu'elle voulait tout au fond d'elle-même, lui faire chavirer le coeur. Elle allait mettre sa robe rouge pour Aja. Elle le voulait, elle était prête pour un homme comme lui.

— ''Comment pouvait-elle me faire parvenir tout ça dans mes mesures si parfaites?''

Valérie informa Richard qu'Aja était maintenant confiné à ses appartements tout comme Danna. Richard appela Aja immédiatement. Valérie partit en riant. Elle savait qui allait passer un mauvais quart d'heure.

— Aja, tu m'avais promis.

— Je n'ai rien promis et je ne lui ai pas touché.

— Pourquoi es-tu confiné?

— Valérie te rend des comptes assez vites je dois dire. Elle ne mangeait plus depuis qu'elle avait eu la lettre de son père. Elle n'ouvrait plus ses rideaux non plus et après ne pas avoir répondu à mes appels pendant toute une journée, j'ai décidé que je devais faire quelque chose. Par contre, je croyais ne pas me faire prendre à mon jeu et mon capitaine me surveillait de près il faut croire.

— Probablement qu'il te connait trop bien, tout comme moi d'ailleurs.

— Je ne l'ai pas touché…à part quelques petits baisés.

— Je le savais.

— Écoute, elle est encore vierge si cela peut te consoler.

— Comment peux-tu savoir qu'elle est vierge?

— Ah ça, je ne te le dis pas.

— Bon, je dois te laisser, mais n'oublie pas notre promesse.

— Je ne promets rien Richard.

Aja referma le combiné. Il ne savait plus lui-même s'il pourrait honorer cette promesse s'il la lui faisait.

Danna se rendit à son rendez-vous sur la terrasse. Elle regarda Aja, il avait passé un smoking, il était beau à lui couper le souffle.

— ''Ouf! Quelle beauté cet homme''.

Il vint la rejoindre, lui prit la main et la porta à sa bouche.

— Tu es magnifique.

Il lui mit la main au bas du dos et la conduite à la table, il lui tira la chaise. Il sentit sa peau si douce sous sa main. Sa senteur corporelle l'enivrait déjà.

— ''Merci Valérie. Quel supplice ces femmes, elles sont une arme fatale juste à être ce qu'elles sont''.

La table avait été mise avec charme. Tout sur cette table brillait avec le clair de lune. Aja lui versa du champagne et lui souhaita à nouveau un joyeux anniversaire. Il lui présenta un boîtier qu'il ouvrit solennellement. Il en sortit une breloque de couleur argent sertie de diamants. Il lui mit au bras et ensuite, se pencha pour l'embrasser. Danna était bouche bée.

— ''Pourquoi je me laisse toujours embrasser comme cela sans rien dire?''

— Tu l'aimes?

— Il est si beau, il brille avec le reflet de la lune. Il est merveilleux Aja, merci.

Soudain, la réponse à sa question lui apparut. Elle l'aimait. Elle était prise dans cet engrenage de rêves, elle était tombée amoureuse du Prince Aja. Elle devint blème.

— Ça va Danna?

— Oui…oui sans problème.

— C'est moi qui suis de service ce soir.

Elle lui sourit.

Ni un ni l'autre ne dire un mot pendant le repas. Aja servait plat après plat.

— Oh Aja! Plus rien pour moi, je n'ai jamais tant mangé. Je vais devoir te jeter à bâbord si tu me fais avaler quoi que ce soit d'autre. Tout était très délicieux par contre.

— Ah! Ah! Ah! Je te croirais bien capable. Mais Princesse, il y a une crème glacée qui est merveilleuse pour la digestion.

— Impossible.

— Alors, viens avec moi.

Il remplit les deux flûtes de champagne et la dirigea vers le bord de la terrasse. Il fit signe au capitaine et celui-ci fit fermer toutes les lumières du bateau. Tout l'équipage se rejoignit sur le pont pour lever leur verre et une chandelle en direction de Danna. Ils crièrent en coeur ''Joyeux anniversaire à la Princesse Danna de Caroussel. Danna avait les larmes aux yeux. Elle leur envoya des baisés de la main.

— Merci Aja.

— Viens, ne pleure pas. Viens avec moi de ce côté-ci.

Il la dirigea vers une extrémité de la terrasse où elle pouvait apercevoir l'île.

— Regarde le village, tu vois les bougies qui bougent là-bas?

— Oui.

Un gros projecteur illumina la plage.

— Ah! Ce sont les enfants.

— Oui, ceux donc tus t'occupaient. Ils vont très bien. Ils attendent que tu leur envoies la main.

Danna leur envoya la main et des baisés. Les larmes coulaient de plus belle sur ses joues. Le projecteur s'éteignit et des feux d'artifice éblouir le ciel de mille feux. Danna se retourna vers Aja et se retrouva blotti dans ses bras.

— Merci Aja, tu es merveilleux. Si jamais j'ai une fête à préparer, je te fais signe.

— Ah! Ah! Ah! C'est seulement pour toi ça.

— Merci.

Ils s'embrassèrent pendant longtemps, très longtemps jusqu'à ce que leurs corps soient enflammés.

Le téléphone de la chambre d'Aja se mit à sonner sans arrêt et ce portable se mit aussi à sonner.

— Désolé Danna, je crois qu'il y a une urgence, je dois prendre cela. Il alla prendre son portable et regarda qui appelait.

— ''Sahil, il ne pouvait pas plus mal tomber celui-là''.

— Bonsoir Sahil.

— Aja, que fais-tu?

— Par où veux-tu que je commence?

— Par ce que la nation vient de voir à la télévision peut-être.

— Quoi! Tu...tu...

— Oui Aja. Nous venons tous de te voir embrasser la Princesse Danna de Caroussel sous les feux d'artifice. Tu sais très bien que je t'ai trouvé une épouse que tu devrais être en train de lui faire la cour. Mais non, au lieu de cela, je te vois embrasser une autre femme.

— Tu peux en faire ce que tu veux de cette femme et tu le sais très bien.

— Tu devras faire des excuses publiques et tu épouseras cette femme. Je ne te donne pas le choix.

— Ne fais pas ça Sahil s'il vous plaît.

Danna voyait bien où cette discussion allait mener. La tension était montait entre les deux frères. Elle s'éloigna et se rendit dans ses appartements, referma la porte et ouvrit la télévision pour ne plus rien entendre.

Toutes les chaînes lui renvoyaient l'image de leur passionnant baisé. La commentatrice disait que le jeune Prince Aja se payait une princesse à sa collection avant d'épouser la jeune Siam. La photo de celle-ci apparaissait à l'écran.

— ''Mon dieu, qu'est-ce que j'ai fait?''

Le téléphone de Danna se mit à sonner à son tour. Elle alla décrocher.

— Princesse Danna, ici le Prince Richard.

— Bonsoir Richard.

— Permettez-moi de vous souhaiter joyeux anniversaire.

— Merci Richard.

— Danna, je dois te dire que j'ai vu votre baiser à l'écran et que cela doit s'arrêter là. Aja est déjà promis à une femme de son pays. Elle est d'une famille aristocratique aussi. Vous devez arrêter cela.

Danna avait les larmes aux yeux. Elle ferma les yeux.

— ''Est-ce ça que sera ma vie à présent? Me faire guider à chaque pas?''

— Oui, j'avais très bien compris.

Elle referma le combiné du téléphone sans aucun autre mot. Elle barra les portes-jardin et alla se réfugier dans sa chambre. Les larmes coulaient à nouveau ce soir, mais parce qu'elle aimait un homme qu'elle ne pouvait pas aimer. Pour ne pas le détruire tout comme son père semblait avoir détruit sa vie, elle partirait loin de lui.

Aja la cherchait sur la terrasse, mais elle n'était plus là. Elle avait refermé ses portes et ses rideaux. La magie avait disparu. Il frappa à sa porte, mais Danna préférait ne pas répondre. Il retourna dans ses appartements.

— ''Satané satellite, on ne peut même plus avoir de vie privée. Je vais faire payer celui qui a utilisé ces images pour les diffuser''.

Au matin, le Prince Aja eut l'annonce que la contagion avait été trouvée et que le vaccin existait. Ce qui voulait dire qu'ils pourraient sortir très vite. Leurs injections étaient déjà en route. Il alla frapper à la porte de Danna.

— Bonjour Aja.

— Bonjour Danna. Danna, je suis désolé pour hier.

— N'en parlons plus tu veux bien.

— Pour l'instant, car nous avons beaucoup plus urgent. J'ai une bonne nouvelle, nos vaccins sont en route. Mais pour ce qui est de ce mariage, j'ai à mon frère que je ne voulais pas de ce mariage et il me l'a imposé quand même, mais Danna regarde-moi.

Elle leva le menton.

— Ce mariage n'aura pas lieu, je n'en voulais pas avant de te connaitre et je le veux encore moins aujourd'hui. Je n'ai même pas recentré cette femme, je l'ai vu que sur des photos. Mon frère me harcèle pour que je commence à la courtiser. Il ne veut rien comprendre. Danna, j'aurais voulu plus que tout au monde que la magie d'hier continue. C'est toi que je veux courtiser Danna, toi seule.

Elle ferma les yeux et leva la tête vers le haut. Aja en profita pour la prendre dans ses bras pour l'embrasser, mais Danna le repoussa violemment.

— Non Aja, non. Il est préférable que non.

— Richard t'a parlé aussi?

— Oui, mais j'ai aussi tout compris en le voyant à l'écran de télévision.

— Danna, je ne l'aime pas et il n'est pas question que je l'épouse maintenant que je t'ai rencontré Danna. C'est toi que je veux, je t'aime tu le sais bien. Les semaines que nous venons de passer ensemble ont été les plus merveilleuses de ma vie, même confinée sur mon bateau.

Elle lui sourit.

— Ne dis pas ça et oublie-moi. Quand allons-nous avoir le vaccin?

— Aujourd'hui, cette après-midi probablement.

Danna entra pour chercher le bijou familial et elle lui remit.

— Mets-le en lieu sûr.

— Oui. Danna.

Il prit son menton et le leva vers lui.

— Ne me rejet pas s'il vous plaît. Tu dois comprendre que ce sont des mariages arrangés et que je ne veux rien savoir de tout cela.

— Toi, tu dois comprendre que mon père a fait le choix un jour de tout laisser tomber. C'est ce que je pouvais comprendre dans la lettre qu'il m'a laissé et plus tard, il a regretté.

— Comment peux-tu dire cela? Tu n'existerais même pas si ça n'était pas arrivé.

— Moi, il ne me regrettait pas, mais tout le reste, oui. Laisse-moi seule s'il vous plaît, je dois me préparer.

— Bien, si c'est ce que tu préfères. Nous reparlerons plus tard Danna.

Il retourna dans ses appartements à contrecœur.

Le vaccin leur était donné dans l'après-midi et ils pouvaient partir sur-le-champ s'ils le guérissaient.

Danna fît son minuscule sac en guise de bagage et alla s'installer dans l'hélicoptère.

— Vous allez aussi en Californie?

— Nous allons où vous allez Princesse Danna. Nous sommes vos gardes du corps.

— Quoi! Non, je ne veux pas de garde du corps.

— Vous n'avez pas de choix maintenant Princesse.

— ''Dans quelle merde je suis? Non. Comment je vais pouvoir me débarrasser d'eux?''

— Très bien, partons. 'Laisse tombé Danna, l'important est de t'éloigner d'Aja pour tout de suite''.

Aja passa devant les appartements de Danna et vit une femme de ménage.

— Où est la Princesse Danna?

— Elle est partie mon prince.

— Partie…mais quand? Partie où?

— La Princesse Danna a pris l'hélicoptère. Vous pourriez demander au pilote, il est de retour.

Il monta voir le capitaine du bateau pour faire appeler le pilote. Il l'avait conduit elle et ses deux garde du corps à l'aéroport le plus près. Il appela Richard pour savoir si Danna se dirigeait pour l'Europe. Mais non, elle avait demandé à avoir quelques semaines de liberté après avoir été confinée pendant plus d'un mois. Le téléphone d'Aja sonna immédiatement après la conversation avec Richard.

— Aja.

— Ah! C'est toi Sahil. Que veux-tu bousiller encore dans ma vie?

— Écoute Aja, je voulais m'excuser pour hier. Tu sais nous n'avons pas d'autre solution. Tu dois épouser la femme que je t'ai choisie. Maintenant que la Princesse Danna est partie chez elle, j'aimerais…

— Elle est partie chez elle? C'est où chez elle?

— Aja, tu reviens chez moi. Si elle est partie, c'est qu'elle ne t'aime pas.

Sahil aurait pu lui transpercer le coeur avec une épée, ça ne lui aurait pas fait plus mal que d'entendre ces paroles. Aja ne parlait pas. Il avait une boule dans la gorge.

— Aja, tu dois revenir et courtiser ta future femme. Tu dois rétablir la situation dans laquelle tu la mises.

— Aja ferma le combiné téléphonique et se rendit sur le pont principal. Il ferma les yeux et repensa à leur merveilleux et passionnant baisé, ce n'était pas rien et il l'avait ressenti. Comment l'oublier, en plus que les chaînes de télévision repassaient leur baisé constamment.

— ''Danna, tu as bouleversé ma vie. Comment cela est-il arrivé? Moi Aja qui s'est fait prendre à ce jeu et maintenant j'en souffre''.

Danna prépara son bateau après avoir passé voir son ami Patrick. Elle demanda aux gardes du corps de la laisser seule sur son bateau pendant une heure. Ils restèrent sur le quai pour surveiller l'entrée du bateau. Elle appela Richard.

— Bonjour Danna, tu es enfin sortie de ton confinement. Tu te sens bien?

— Non, je me sens toujours prisonnière. Je pars en mer pour environ une heure et je ne veux pas de garde du corps. Alors, fais en sorte qu'ils ne m'importunent pas pendant cette heure.

— Très bien, je regrette que tu sois si réticente aux règles nécessaires.

— Oui je le suis parce que je suis libre et ma vie m'appartient à moi seule.

— Bien, j'ai compris, je ne veux pas t'étouffée ce sont les règles habituelles.

Elle referma son téléphone portable et parti. Un des gardes du corps était maintenant en communication avec Richard, car ils la laissaient partir sans rien dire.

Aja retourna au château principal où son frère Sahil habitait.

— Je suis content que tu sois de retour.

— Ah Sahil, fiche-moi la paix pour quelques jours tu veux bien.

— Malheureusement, je ne le peux pas et tu le sais très bien. Nous venons de recevoir une invitation pour un souper demain, c'est du père de ta fiancée.

— Merde!

— Aja!

— Très bien.

Le soir après s'être retrouvé seul dans sa chambre, il appela Richard pour avoir le numéro de téléphone portable de Dianna.

— Richard, s'il vous plaît, tu dois me le donner. Je ne crois pas pouvoir oublier cette femme Richard.

— Aja, tu lui feras plus de mal que de bien. Tu sais bien que Sahil ne lâchera prise.

— Donne-le-moi Richard.

Richard capitula et lui donna le numéro de Danna. Aja essaya à plusieurs reprises avant que finalement elle décroche.

— Bonsoir

— Danna, c'est moi Aja

— Aja, pourquoi m'appelles-tu?

— Écoute-moi Danna. Je vais parler à mon frère demain. Il n'est pas question que j'épouse cette femme alors pourquoi ne pourrions-nous pas nous voir.

— Tu dois l'épouser Aja. C'est la tradition chez toi.

— Non je ne l'épouserai pas, tu m'ententes.

— Aja, si tu ne m'avais pas rencontré, tu l'aurais épousé n'est-ce pas?

— Je ne sais pas. Je ne voulais pas le faire. Je trouvais terrible de marier une femme qu'on ne connait pas.

— Moi Aja, tu ne me connais pas.

— Mais toi Danna, j'ai ressenti que tu sentais la même chose que moi. C'était si fort Danna, je n'avais jamais ressenti cela avant.

— Aja, si tu te donnes la peine de la rencontrer elle, tu ressentiras peut-être la même chose avec elle. Tu dois lui donner sa chance.

— Non Danna. Tu ne compenses pas, je l'ai trouvé celle que j'aime, celle avec qui je veux être.

— Aja ne m'appelle plus s'il te plaît. Cette histoire semble trop compliquée. La seule chose que nous allons arriver à faire sera de se faire du mal.

Elle raccrocha. Aja pensait à ses dernières paroles et à ceux de Richard.

— ''Tu ne lui feras plus du mal que de bien. Je ne veux pas lui faire de mal, je veux l'aimer''.

Le lendemain, Aja se préparait pour le souper. C'était trop tôt pour pouvoir jouer la comédie, il ne se sentait pas capable. Pour une fois, il aurait aimé avoir un autre frère qu'il pourrait placer à sa place pour épouser Naelle, qu'il n'aimait pas du tout en plus. Sahil vint voir Aja avant leur départ.

— Ça va Aja?

— Non, ça ne va pas. Combien de fois vais-je avoir à te le répéter Sahil, non ça ne va pas. Je crois que je suis vraiment amoureux cette fois, je n'ai jamais ressenti une telle douleur de voir partir une femme. Tu peux comprendre cela ou tu ne peux pas parce que tu as fait un mariage par obligation.

— Écoute Aja. Nous avons des obligations que cela te plaise ou pas. Rien n'empêche que tu la revoies après ton mariage, mais discrètement.

Aja se retourna avec un regard de feu.

— C'est ce que tu fais à ta femme?

— Ce n'est pas nouveau, nous n'avons pas inventé cela, ça se fait depuis des temps et des temps. Je suis même certain que papa le faisait à maman. Nous les hommes princiers avons d'énormes obligations et souvent nous n'avons pas le choix de nos épouses. Nous avons à faire des mariages par obligations, alors nous allons chercher ailleurs ce que nous voulions vraiment avoir. Ce n'est pas déplaisant, tu sais.

— Alors ta femme doit-elle aussi faire la même chose?

— Non! Elles se doivent d'être fidèles pour nous. Avec toute la gloire que nous leur donnons, mais nous les hommes royaux travaillions très fort et avons le droit à cette compensation.

— Sahil, est-ce que tu t'écoutes parler? Ce n'est pas saint. J'ai eu beaucoup de femmes dans ma vie, mais j'étais toujours fidèle. Celle que je prendrai est celle qui m'aimera et celle que j'aimerai. Je veux être vraiment heureux et rendre ma femme heureuse. Après Danna, je connais maintenant ce que c'est l'amour. Nous étions si attirés l'un vers l'autre. Même si cette femme ne voulait pas de moi Sahil, je ne l'oublierai jamais.

— Tu as couché avec elle quelques fois et tu penses comme cela, mais tu l'oublieras après en avoir passé quelques beautés dans ton lit.

— Non Sahil, je vois que tu n'as jamais rencontré l'amour. Je ne l'oublierai jamais. Je serai malheureux le restant de mes jours en pensant à Danna. Pour ton information, nous n'avons même pas couché ensemble. C'est décidé Sahil, avec ce que tu viens de me dire, garde-le ton titre de déshonneur et ta vie de mensonges. Je n'en veux pas. Comment peux-tu gouverner un royaume et que les gens te croient sérieux si les femmes que tu prends racontent tes aventures. Je vais partir au lever du jour demain, je prendrai l'argent qu'il me faut pour le voyage, mon installation très simple comme citoyen et tu ne me reverras jamais.

— Tu es fou Aja, tu ne peux pas faire cela.

— Tu m'acceptes comme je suis ou je pars. Je vais faire appel à ma fiancée et lui expliquer…tout en lui souhaitant de trouver l'amour de sa vie et de ne pas tomber sur un homme comme toi.

— Tu ne peux pas faire cela Aja.

— Oui Sahil, je le peux.

— Mais Aja, nous sommes une famille.

— Tu m'as très mal dépeint la famille. Ce n'est pas celle que je veux pour moi. Alors, si tu veux que je reste, tu n'as qu'un mot à dire. Puis-je choisir mon épouse?

Sahil le regarda, il était partagé entre les règles du jeu établies depuis les temps.

— Tu règnes sur ce peuple. Toi seul peux changer la stupidité des mariages par obligations mal veillant dans ce royaume. Les temps changent Sahil.

Sahil baissa la tête, c'était la première fois qu'Aja voyait son frère si fier, osé se baisser la tête.

— Ce que tu me demandes me mettra à dos un grand nombre des couples plus âgés.

— Mais les plus jeunes apprendrons la bonne marche à suivre et en seront ravis et ces eux l'avenir. Pourquoi les rendent malheureux. Les siècles changent et nous nous devons de changer aussi. Les affaires peuvent se faire sans ces mariages stupides.

— Ah! Va la retrouver ta princesse. Je vais faire le nécessaire moi-même pour te rendre ta liberté auprès de Naelle et sa famille.

Aja prit son frère dans ses bras.

— Je t'aime Sahil et cela m'aurait brisé le coeur de ne plus revoir ma famille. Merci Sahil, merci.

Aja n'avait que Danna en tête. Jamais il n'avait ressenti un tel besoin de se rapprocher d'une femme. Il ne pouvait se passe d'elle. Les semaines sur le bateau avec Danna, sa petite tigresse, avaient été les meilleures de sa vie et il avait compris que bien d'autres pouvaient l'être en sa compagnie.

— ''Je l'aime, elle m'a envoûté. Je dois la retrouver à tout prix''.

— Richard, c'est Aja.

Richard arqua les sourcils, il sentait que quelque chose n'allait pas dans la voie d'Aja.

— Laisse-moi deviner. Tu cherches la Princesse Danna toi aussi?

— Quoi! Comment ça, toi aussi? Tu ne sais pas où elle est?

— Non, nous venons d'apprendre qu'elle est partie en mer pour une petite heure seule comme elle m'avait demandé et voilà, elle m'a joué. Valérie et moi venons d'apprendre par son ami Patrick qu'elle est partie en mer avec son voilier pour plusieurs semaines.

— Hum, qui est Patrick?

— Ah! Ah! Ah! Aja, toi l'oiseau volage cherches une femme et en plus tu serais jaloux d'un de ses amis. Qu'est-ce qui t'arrive?

— Richard, j'ai passé le plus beau mois de ma vie près de Danna et le soir où nous nous sommes embrassés sur le pont, il était trop tard déjà, je l'aime Richard.

— Aja en amour! Avec ma princesse en plus. Et ta promise dans tout ça?

— Je n'ai plus de promise, Sahil va tout annuler.

— Bon. Pour ton information, Patrick n'est vraiment que juste un ami d'enfance.

— Par où est-elle partie?

— Personne ne sait. Valérie a déjà mis nos services secrets sur l'affaire pour la retrouver en mer. Tu la connais, elle ne lâchera pas. Elle ne veut pas être princesse Aja. Valérie entend tout faire pour qu'elle nous revienne.

— Merde! Moi qui croyais m'envoler vers elle demain.

— Nous te tiendrons informé Aja. Je crois que même si je voulais arrêter cette folie, je ne le pourrais pas, alors je laisse tomber et je te la laisse. Mais n'oublie pas, j'ai besoin des enfants.

— Ah! toi et tes enfants. Si tu m'aides, je t'en ferai plein. Ça te va?

— Ah! Ah! Ah! Oui ça me va.

— Merci Richard.

Il déposa le combiné téléphonique et pensait à ce qu'il pouvait faire de son côté pour la retrouver.

— ''Rien, je ne peux rien faire de plus. Attendre''.

Le lendemain, Richard reparti et Valérie se rendirent aux bureaux de la garde côtière de la Californie pour retrouver Danna.

Deux jours plus tard, l'Officier en chef l'appela à son hôtel. Le bateau de Danna avait été localisé.

— Comment puis-je communiquer avec elle?

— Nous ne pouvons pas communiquer d'ici. Elle est trop loin en mer, elle ne peut recevoir d'appel que par des bateaux près d'elle.

— Et si j'y allais près d'elle par hélicoptère, je pourrais communiquer avec elle?

— Ce n'est pas n'importe lequel des hélicoptères qui peut la rejoindre, madame, elle est en grande mer.

— Oh! Je présume que vous en avez un?

— Oui, mais d'abord je suis en train de faire des recherches à savoir s'il y a des bateaux plus gros qui seraient près d'elle. La communication pourrait se faire à travers eux.

— Je pourrais lui donner un point de rencontre où je pourrais de mon côté, atterrir avec un hélicoptère.

— Je regarde à tout ça et je vous rappelle madame.

— Merci.

Danna se sentait bien. Elle était seule sur son bateau. Elle manquait terriblement son père.

— C'était la première fois qu'elle partait si loin sans lui. Elle pensait beaucoup à Aja aussi. Elle rêvait de l'avoir avec elle sur son bateau, à lui faire l'amour. Elle n'avait jamais connu l'amour, mais ça lui faisait si mal. Elle se sentait déroutée.

— ''C'est donc si fort et si douloureux l'amour''.

Elle était dans une baie, seule. Le paysage était si beau, mais elle ne voyait rien de plus beau qu'avoir Aja à ses côtés.

— ''Je dois l'oublier, il appartient à une autre femme''.

Elle se dévêtit et se baigna nue suffit qu'il n'y avait aucune civilisation près de là. Elle sentait le besoin de se mettre à nu pour enlever toutes ces saletés de pensées qui la rendait douloureusement malheureuse.

Soudain elle entendit sa radio. Elle remonta à bord du bateau pour bien entendre le message.

— ''C'est peut-être un bateau en détresse''.

— De l'hélicoptère 649 à Princesse Danna. Vous nous entendez.

— ''Merde, un hélicoptère, mais je suis nue''.

Elle attrapa ses vêtements à toute vitesse, puis elle figea sur place. Son bateau, il s'appelait Princesse Danna, son père l'appelait toujours Princesse Danna. Danna avait toujours pris cela comme une marque d'affection que son père avait pour elle.

— ''C'était ça!''

— Danna à hélico 649.

— J'ai un message pour vous. Princesse Danna, veuillez vous rendre au village Capri. Princesse Valérie doit absolument discuter avec vous.

— Danna baissa la tête avec un sentiment de défaite. Inconsciemment, elle était déçue, elle aurait voulu que ce soit Aja.

— ''J'aurais dû y penser. Elle ne me lâchera pas celle-là''.

— Donnez-moi les coordonnées.

Le pilote de l'hélicoptère lui donna les coordonnées et Danna s'y rendit.

— Bonjour Valérie.

Valérie la prit dans ses bras et la serra si fort.

— Bonjour Danna. Je suis désolée, mais je devais m'entretenir avec toi. J'ai beaucoup de choses à te dire.

Danna la regarda et se retourna vers son voilier. Elle voulait être en mer, pas là.

— Dans ce cas, que dirais-tu que nous partions en mer et nous puissions discuter tout le temps que tu voudras?

— Hein! Je ne suis jamais monté sur un bateau avec une femme comme pilote. J'ai mes gardes du corps que je dois apporter.

— Sans garde du corps. Va chercher tes bagages Valérie. Si tes gardes du corps veulent à tout prix te suivre, ils le feront avec l'hélicoptère. Nous resterons toujours près de la côte.

— Je n'ai pas apportez mes bagages. Je croyais retourner à mon hôtel.

— Si je te regarde bien, nous sommes pratiquement la même taille. Viens, ça te plaira je te le promets.

— Si je ne me sens pas bien, tu me ramèneras sur la terre?

— Oui, promis.

Elles embarquèrent et partir. Les gardes du corps de Valérie envoyèrent un message à Richard.

Richard sortit de la douche et quelqu'un frappait énergiquement à sa porte.

— Qu'est-ce qu'il y a?

— Un message important pour vous Prince Richard.

— Merci.

Il s'installa sur la terrasse privée et lut le message.

Prince Richard,

Veuillez prendre note que la Princesse Valérie et la Princesse Danna sont sur le voilier Princesse Danna seules. Nous allons les suivre en hélicoptère, car elles ont promis de se tenir près des côtes.

— Non, non, non. Mais qu'est-ce qu'elles me font ces femmes! Ah!

— Un problème mon chéri?

— Ah! C'est Valérie. Au lieu de ramener Danna ici, elles ont pris la mer seules sans les gardes du corps.

— Cette enfant vit au maximum, c'est le cas de le dire. Elle fait vraiment ce qu'elle veut.

— Oui, mais elle va avoir vingt-trois ans et elle devra penser un peu plus à nos obligations.

— Chérie, calme-toi. Tu sais très bien qu'elle le fait aussi pour toi. Elle essaie de réconcilier la famille avec Danna.

— Oui. Ah les femmes!

Sa femme arqua les sourcils.

— Vous êtes compliquées. Vous ne voulez pas comprendre quand vous avez quelque chose en tête.

— Finalement, je devrais peut-être les rejoindre sur le bateau.

Ils partirent à rire. La situation était trop drôle.

— Elle m'en fait voir celle-là. Mais le pire c'est que maintenant je vais en avoir deux comme celle-là. Je ferai mieux d'appeler Aja qu'il l'épouse. Je vais lui refiler mon problème à mon tour.

Sa femme riait de son comportement. Elle n'avait jamais vu Richard dans cet état.

— Aja, j'ai retrouvé ta princesse mon cher ami.

— Où est-elle?

— Repartie en mer avec Valérie cette fois.

— Quoi!

— Oui, tu as très bien compris. Les femmes, on ne peut jamais savoir ce qu'elles vont nous faire mon cher.

Aja souriait. Enfin, on avait retrouvé Danna.

— Je crois que tu n'as pas aimé la surprise.

— Non et Valérie le savait très bien. Au lieu de m'appeler, elle a laissé le soin à ses gardes du corps, qu'elle n'a pas amené avec elle.

— Hum. Écoute Richard. Valérie est une perle, tout le monde l'aime. Elles feront connaissance et Danna lui fera peut-être confiance…assez pour venir au palais.

— Oui, peut-être. Mais deux princesses seules sur un petit voilier en pleine mer. C'est un peu trop pour moi.

— C'est parce que tu es vieux jeu. Où sont-elles?

— Elles sont parties hier de Capri.

Une semaine plus tard, Valérie fût parvenir un autre message à Richard.

Richard,

Danna et moi repartons pour quelques semaines. Nous avons besoin plus de temps pour bien faire connaissance et Richard, je n'ai

jamais rien vécu
de si
merveilleux
dans ma vie que
de naviguer sur
un voilier. Je me
sens totalement
libre.

Valérie

— ''Comme si elle n'était pas libre depuis qu'elle est née celle-là''.

Richard communiqua à nouveau avec Aja et l'informa de l'endroit d'où elles partaient.

— Quelques semaines. Mais je n'en peux plus d'attendre moi.

— Je parle bien à Aja là?

— Oui, ne te moque pas de moi. Je vais voir ce que je peux faire pour les rejoindre.

— Quoi, toi aussi? Mais vous êtes tous tombés sur la tête.

— Oui. Je communiquerai avec toi.

Aja appela le capitaine de son yacht pour savoir combien de temps il mettrait pour se rapprocher au maximum des princesses.

— Trois jours mon prince.

— Alors, préparez-vous, j'arrive et nous partirons aujourd'hui.

— Bien mon prince.

Le capitaine et tout l'équipage qui avaient assisté aux semaines de confinement de la Princesse Danna et du Prince Aja étaient ravis que le prince parte à la recherche de sa princesse. Le capitaine regarda son second et lui sourit. Il lui fit un clin d'oeil.

— Va passer le message que nous partons pour l'opération amour.

Ils étaient tous prêts.

Trois jours plus tard, le capitaine commençait à envoyer des messages pour communiquer avec le bateau le Princesse Danna. Il ne reçut une réponse que deux jours plus tard.

Danna avait le coeur en feu, les yeux pleins d'eau. Valérie la regarda et lui sourit.

— Il est là.

— Oui, il est là.

— Danna, si tu l'aimes et qu'il est venu te chercher en mer, c'est qu'il t'aime aussi.

Danna lui sourit et Valérie vint la prendre dans ses bras.

— Réponds-lui Danna.

Elle leur indiqua où elle était et une heure plus tard, elle aperçut son yacht. Il communiqua avec elle par radio.

— Danna, me permets-tu d'embarquer sur ton bateau?

— Oui Aja.

Une embarcation l'amena jusqu'au Princesse Danna.

— Aja, garde la navette ici, je vais repartir sur ton yacht si tu permets.

— Oui, sans problème Princesse Valérie, mais je ne veux pas que tu partes pour moi.

— Vous avez à parler en privé Aja.

Aja fit la bise à Valérie et l'aida à s'installer dans la navette.

— Tu devrais passer quelques jours avec ton marin. C'est merveilleux, tu dois vivre cette expérience, ce n'est pas comparable à ton bateau.

Il riait, elle appelait Danna le marin. Aja regarda Danna.

— Je suis d'accord pour quelques heures et nous verrons.

Il monta sur la Princesse Danna et Valérie repartie avec la navette. Ils étaient seuls. Il la prit dans ses bras et l'embrassa sans un mot. Valérie les regardait et souriait.

— Nous avons à discuter marin.

Danna lui sourit.

— Marin!

— Oui marin. J'aimerais savoir comment tu vas.

— Je suis capitaine sur ce bateau. Pour moi, la mer guérit mes blessures. ''Mais pas celle-ci''.

— Moi aussi j'ai une blessure.

— Tu avais une blessure tout comme moi?

— Je ne sais pas si c'est le bon moment de te l'annoncer, mais mon frère Sahil ma libérée de toutes obligations de mariage obligatoire.

— Dis-moi que tu n'as pas tout laissé tombé?

— Non. J'étais prêt à le faire, mais Sahil a compris l'ultimatum que je lui donnais était sérieux.

Il la reprit à nouveau et l'embrassa. Il reprit son souffle en la toisant du regard pour chercher un signe de compréhension ou d'approbation.

— Je croyais que nous devions parler.

— Tout a été dit mon amour, je t'aime et je ne peux plus me passer de toi Danna.

— Aja attend. Moi j'ai beaucoup d'autres questions.

Aja la regarda surpris, mais surtout inquiet de sa réaction. Elle l'embrassa à nouveau et lui dit qu'ils mettaient le cap sur la mer. Ils voguèrent pendant quelques heures à discuter. Il ne connaissait rien à la navigation à part donner des ordres au capitaine. Elle lui disait quoi faire, il était docile et s'activait.

— Je n'aurais jamais cru être sous les ordres et à la merci d'une femme, et en pleine mer.

— Ah! Ah! Ah! Tu sais très bien que tu n'as rien à craindre avec ton bateau qui nous suit.

— Ils sont toujours là, il faut les oublier.

— Où nous allons Aja, ton bateau va devoir rester éloigner, nous allons devoir être seul.

Il alla la prendre dans ses bras et l'embrassa.

— Suffit que tu n'es pas un bon matelot, je vais devoir te mettre aux cuisines matelot. Tu devras nous préparer un repas.

Aja faillit s'étouffer et cela fît rire Danna.

— J'ai compris, mais tu réalises que je ne vais pas savoir ce que je fais.

— Oh oui! C'est pourquoi je vais te demander des sandwichs. Il fit deux sandwichs et prit deux bières.

Une heure plus tard, ils descendirent sur une île. Il y avait une chute majestueuse au milieu de cette île qu'elle voulait montrer à Aja. C'était son père qui lui avait fait découvrir cette merveille. Aja savait très bien que ses hommes le suivraient sur l'île.

— Whouaw! C'est magnifique, tu as beau voir ces choses sur internet, ça ne vaut rien comparé à la vue.

— C'est mon père qui m'a fait découvrir cet endroit.

Danna commença à défaire sa blouse.

Aja la regarda, il faisait signe que non de la tête.

— ''Non Danna, ne me fait pas ça, pas maintenant. Et si jamais c'est ce qu'elle voulait, je n'ai même pas apporté de condom''.

Il avala péniblement. Elle s'approcha de lui et l'embrassa.

— Tu ne me laisseras pas nager seule j'espère.

— ''Merde, Danna que me fais-tu''.

— Danna...je ne peux pas. R'habille-toi s'il vous plaît.

Danna se sentit mal à l'aise. Elle devait alléger la situation.

— Mais c'est seulement pour nager Aja. Viens avec moi s'il vous plaît.

— Non Danna, c'est impossible.

— ''Il ne veut pas de moi. Je ne comprends pas. C'est une règle dans son pays, pas d'amour dans l'eau ou une règle à la con de prince''.

— Va sur la plage Aja, je te rejoins dans quelques minutes.

— ''Hé voilà! Elle est fâchée contre moi. J'aurai dû comprendre quand elle me parlait de cet endroit magique''.

Aja retourna sur la plage, mais Danna le suivait de près sans qu'il ne s'en rendre compte. Elle avait décidé de ne pas nager, ce n'était pas son intention de nager seule.

— Je suis là. On retourne sur le bateau maintenant.

Il la prit par le bras et la fît basculer dans ses bras.

— Hé! Je dois te dire que je suis un imbécile. Je…je n'ai pas apporté ce qu'il fallait pour la protection. Alors je n'aurais jamais pu me retenir si j'étais entré dans l'eau avec toi.

— Non, je comprends. J'aurais dû te parler de mes intentions, mais je voulais essayer de faire un moment magique moi aussi comme cela que tu avais créé sur le bateau.

— Si tu veux y retourner, je pourrais faire signe à mes hommes et nous pourrions avoir ce qu'il faut en quelques secondes.

— Tes hommes! Mais tes hommes sont en dehors de cette baie sur ton yacht.

Aja se sentit pris au piège et Danna s'en aperçut.

— Hum, bien je peux les appeler et ils m'apporteront ce qu'il faut.

— Aja, téléphone et appui sur interphone, ensuite demande combien d'hommes sont à terre.

— Non, non Danna. Je n'ai donné aucun ordre en ce sens.

— Je comprends maintenant que tu n'as pas besoin de donner d'ordre Aja, mais de donnée des contre-ordres.

Aja maudissait en Arabe. Il appela.

— Capitaine, combien d'hommes sont sur l'île?

— Deux mon prince.

Aja ferma la communication en regardant au ciel.

— Merde! Danna, je suis désolé.

— Demande-leur de sortir Aja.

Ils sortirent, un était du côté gauche et l'autre à droite.

— Je t'ai fait une pleine confiance Aja, mais pas toi. Je t'avais dit que nous devions être seuls. Tu savais très bien que des hommes débarqueraient sur l'île. Je ne reprendrai pas la chance avec un homme qui veut me montrer nue à ses hommes de garde comme un trophée.

— Non, tu as tout faux.

— Aja, retourne avec eux sur ton yacht et garde Valérie. Je veux vraiment être seule maintenant. J'ai l'intention de m'installer dans une vie normale où je pourrai rencontrer quelqu'un de normal, simple et qui appréciera ma compagnie et me respectera.

Le coeur d'Aja s'arrêta de battre. Elle le repoussait de sa vie. Pourtant il savait qu'elle l'aimait, mais il venait de jouer avec la carte la plus sensible chez certaines femmes, la confiance. Il savait très bien que ses hommes avaient débarqué derrière lui.

Danna repartit sur son voilier et il la vit disparaître hors de la baie. Arrivée sur son bateau, Valérie était affolée.

— Mais qu'est-ce qui s'est passé? Que lui as-tu fait?

— Elle m'a fait confiance et moi pas. Elle m'a dit que nous devions être seuls. Je savais très bien que mes hommes débarqueraient sur l'île et je n'ai rien fait pour empêcher cela. Elle a...elle a deviné et elle m'a dit de retourner sur mon bateau.

— Mais Aja, tu n'es qu'un imbécile. Tout le temps que j'ai été sur le bateau avec elle et que nous discutions de toi, son expression changeait. Alors je lui ai demandé si elle t'aimait. Elle m'a répondu qu'à un point où elle ne pourrait jamais t'oublier.

Aja ferma les yeux. Il se rappela s'être dit cela à lui-même tellement il l'aimait.

— L'aimes-tu vraiment où tu chercher un trophée différent dans ton arène?

Il regarda Valérie, déçu de penser cela, mais c'était bien comme il était avant de rencontrer Danna. Il baissa les yeux.

— À un point de ne jamais pouvoir l'oublier. À en devenir fou.

— Alors je vais te dire plus pour que tu puisses ne jamais refaire de telles erreurs. Elle m'a confié qu'elle rêvait de toi chaque nuit. Aussi que toi seul aurais le pouvoir la faire princesse.

— Mais elle est déjà princesse.

— Aja, tu ne comprends donc rien. Elle ne rien savoir d'être princesse, mais parce qu'elle t'aime si fort, qu'avec toi, elle l'accepterait. Ta princesse Aja, la tienne.

— J'ai vraiment merdé là. Comment vais je faire maintenant.

— Il faut attendre, car elle est fâchée. Elle te repoussera immédiatement. Je ne sais pas plus que toi quoi faire. Peut-être recréer la soirée que vous avez eue sur le bateau avec les feux d'artifices ou court lui après avec ton bateau…je ne sais pas.

— Je crois que je sais.

— Quoi? Dis-moi.

Il partit à courir sans répondre à Valérie. Il alla jusqu'aux commandes du bateau et prit la radio.

— Danna, tu es là?…Danna répond-moi… Danna mon amour, ne me fait pas ça s'il vous plaît pardonne-moi cette erreur et je ne referai plus une telle bêtise. Je veux retourner à cet endroit avec toi, toi seule. À deux reprises nos coeurs ont voulu se joindre et quelque chose nous en séparait. Danna, tu es là ma chérie.

— Oui, mais il est trop tard. Demain ce sera autre chose qui arriverait. Je ne suis pas fait pour cette vie.

— Non Danna, il n'est pas trop tard… Il n'est jamais trop tard pour l'amour et nous ajusterons notre vie au mode qui te conviendra…Danna, tu es toujours là?

Elle avait coupé la communication. Le capitaine le regarda.

— Elle n'est plus en communication mon prince.

Je sais. Cette femme me rendra fou. Préparez-vous, car cette nuit je veux que vous me fassiez embarquer sur son bateau.

— Super Aja, c'est une superbe idée. Le prince charmant se glisse sur le bateau de sa belle.

Il se retourna et lui sourit.

Il donna des ordres pour qu'un bijoutier soit apporté sur son yacht avec un assortiment de bagues.

Veillez aussi à ce que mes gardes du corps qui étaient sur la plage soient renvoyés au palais. Ils pourront être remplacés par deux autres.

— Aja, j'ai parlé à Richard aujourd'hui.

— Il va bien?

— Non, je l'imagine avec des ulcères d'estomac maintenant. Je crois aussi qu'il doit avoir une couleur de peau bleue.

Ils partirent à rire.

— Désolé de vous déranger mon prince, la Princesse Danna demande que nous arrêtions de la suivre.

— Jamais. Dis-le-lui.

Danna souriait, mais personne ne pouvait la voir.

— ''Imbécile, je t'aime…que vais-je faire avec toi? Papa s'il vous plaît, aide-moi''.

— Alors tu es prêt à partir?

— Oui, je suis prêt.

— Tu n'as pas oublié cette fois.

— Non, j'en ai un.

— Un! Ai-je bien compris un Aja? Tu n'es pas un amant très féroce.

— ''Elle est vierge, je ne vais pas lui faire peur en lui montrant une grosse boîte de condoms quand même''.

Il leva les yeux au ciel.

Le second du bateau accourut avec une boîte de condoms qu'il avait pris soin de mettre dans un sac.

— Cadeau du capitaine mon prince.

Aja regarda pour y trouver ce qu'il pensait.

— Incroyable, vous le remerciez pour moi.

Aja embarqua sur le bateau de Danna en silence. Elle s'éveilla et comprit très vite qui était l'intrus. Elle fit semblant de dormir. Il était maintenant près du lit.

Aja devait à tout prix lui dire son plan. Ils pourraient retourner aux chutes sur l'île ou refaire la soirée sur son bateau avec baisé enflammé au feu d'artifice. Ils pourraient aussi planifier ensemble une soirée juste pour eux. C'est peut-être ce qu'ils leur manquaient, la planification ensemble.

Il la regarda, mais ne semblait pas la voir. Danna le voyait très bien.

— Alors, tu viens.

Il tomba sur ses genoux pour pouvoir l'embrasser. Elle défit sa chemise.

— Tu ne peux pas entrer dans mon lit avec tous ces vêtements, car moi, je n'en ai aucun. Nous serons à égalité.

— Si je comprends bien mon amour, nous serons et nous devrons toujours être à égalité.

— Oui, tu as tout compris.

— Il n'y a que toi pour me faire accepter cela.

— Il n'y a que toi pour me faire accepter la royauté.

Il lui fit doucement l'amour et ils continuèrent pendant toute la nuit. Leurs étreintes devinrent de plus en plus sauvages tellement ils avaient soif l'un de l'autre.

— Je t'aime Aja, je suis une femme perdue, à ta merci.

— Alors nous sommes deux…à parts égales mon amour.

Ils se douchèrent, s'habillèrent et en montant sur le pont, ils trouvèrent un cabaret grandiose plein à craquer de fruits et crudité.

Aja regarda Danna et il mit ses mains, paumes vers elle. Il arqua les sourcils.

— Je te jure que je n'ai rien à faire dans ce repas.

— Ça va, j'ai très faim.

— Ah toi! On peut dire aussi que tu m'as donné l'appétit.

Ils dégustèrent leur repas et discutèrent.

— Danna...tu l'as trouvé petite ou...?

— Ah! Ah! Ah! Je ne pensais même plus à ça. Tu sais bien que j'avais bu et que je n'avais jamais bu. Non, elle était très grosse.

— Petite coquine va. Je le savais.

— Ah! Les hommes et leurs bijoux.

— Leurs bijoux!

— Oui, c'est une expression.

Danna regarda au large.

— Bizarre, ce matin ton yacht est beaucoup plus loin.

— Oui, je leur ai dit que j'avais besoin de beaucoup d'espace. Mais Danna, tu sais très bien que ce ne sera pas comme cela dans la vie de tous les jours.

— Oui, je sais. Mais avec toi, je l'accepterai à l'exception de quand nous viendrons en mer, sur mon bateau.

— Promit mon amour, promis.

Il la prit dans ses bras et l'embrassa.

— ''Enfin mon amour, enfin nous serons ensemble''. Tu veux bien venir ce soir sur mon yacht pour un souper romantique.

— Hum, il y a un petit village avec de merveilleux spectacles. Nous pourrions y être ce soir. Faisons de cette soirée notre dernière avant de retourner sur ton bateau et…et moi m'envoler avec Valérie.

— Quoi! Tu veux t'envoler avec Valérie?

— Oui, si j'accepte de devenir Princesse Danna. J'ai des devoirs d'après ton ami.

— Alors j'irai avec toi, mais n'oublie pas que tu es déjà Princesse Danna de Caroussel.

Danna lui sauta dans les bras.

— Tu es d'accord pour ce soir.

— Oui, parfaitement. Mais là, il y aura quelques gardes du corps.

— Parfait.

Aja communiqua l'information à son yacht et demanda qu'on leur apporte le nécessaire. Il avait apporté les mêmes vêtements qu'ils portaient sur le bateau à l'anniversaire de Danna ainsi que la bague qu'il avait laissée avec le capitaine. Il avait aussi mentionné qu'il n'y avait aucun problème ce soir pour que ses gardes du corps les suivre.

— Tu es magnifique mon amour. Quelle magie fais-tu pour m'éblouir à ce point?

— C'est grâce à Valérie.

— Je ne dois pas oublier de la remercier.

Ils s'assiéraient à leur table et Aja leva les yeux pour repérer ses gardes du corps. Il vit que le capitaine et le second étaient installés au bar. Il comprit que ses gardes du corps étaient là.

Après leur repas, Aja avait fait demander une balade qu'il avait fait jouer pendant le repas qu'ils avaient partagé sur son bateau le soir de l'anniversaire de naissance de Danna.

— Tu m'accordes cette danse chérie.

— Oui, avec joie. Aja, c'est la musique qui jouait sur le bateau.

— Oui mon amour.

Pendant leur danse, Aja fouilla dans sa poche, ouvrit le boîtier et prit la bague. Il embrassa Danna et trouva sa main. Il fit glisser la bague à son doigt. Elle cessa de l'embrasser pour regarder la bague et lui sourit.

— Sophia, Gabriella, Maria, Danna, Princesse de Caroussel, voulez-vous m'épouser?

Elle partit à rire.

— Où as-tu déniché tous ses prénoms pour moi?

— Ils t'appartiennent, ils sont à toi ma chérie.

Il fit la grimace.

— Tu ne savais pas tous tes prénoms?

— Non, pas du tout.

— Tu veux bien devenir ma femme Danna?

— Oui Aja, pour toujours.

La salle était comble et tous se levèrent pour applaudirent. Aja réalisa que ces personnes étaient le personnel complet de son yacht.

— Tu as l'air surpris.

— Oui, je viens à peine de réaliser que le personnel complet de mon bateau est ici, dans cette salle.

Danna vit Valérie dans un coin, elle était assise avec Richard et avec plusieurs couples qu'elle pouvait facilement deviner être les frères d'Aja.

Aja la prit et l'embrassa à nouveau. Sahil s'était approché et il frappait sur l'épaule de son jeune frère.

— Sahil, mais que fais-tu ici?

— On m'a dit qu'il y avait le meilleur cinéma d'amour ici ce soir. Félicitation à vous deux.

Il les embrassa et tous suivirent pour transmettre leurs voeux.

— Alors c'est vous la belle princesse qui a réussi à voler le coeur de mon jeune frère.

— Oui, mais il a aussi volé mon coeur.

Sahil la regarda avec admiration. Il comprenait maintenant en voyant l'amour qui ressortait de leurs regards, leurs étreintes et leurs baisés.

Richard approcha près d'Aja pour lui chuchoter à l'oreille.

— Aja, je ne peux pas croire que pour une fois, au lieu de me compliquer la vie, tu me la simplifies.

— Explique-moi?

Richard baissa le ton.

— Une femme de moins sur mon dos. N'oublie pas les bébés.

Richard souriait et s'éloigna après avoir félicité le couple.

— ''Ah non! Je vais l'avoir sur le dos lui. Je ne sais même pas si Danna veut des bébés. Je vais la marier quand même, mais Richard lui ne digèrera pas ça''.

Danna fit l'accolade à Aja et lui dite à l'oreille.

— Ne le dis pas à Richard, mais j'en veux beaucoup.

Ils partirent d'un rire fou. Richard leur lança un regard inquiet.

— Alors nous commencerons très vite après le mariage.

Tous deux regardèrent Richard d'un air taquin. Valérie s'approcha de Richard.

— Pourquoi cet air scudainement Richard?

— Je me demandais s'ils veulent des enfants.

Valérie souriait à Danna.

— J'ai fait ma petite enquête pour toi.

— Alors?

— Danna en veut beaucoup et Aja veut tout ce que Danna veut.

— C'est fou l'amour.

Le frère d'Aja vint le voir.

— Tu as vu les informations ces derniers jours?

— Non, je n'avais pas vraiment le temps de regarder les informations.

— Sahil a publiquement annoncé qu'il n'y aurait plus de mariages obligatoires.

Aja était surpris que ses paroles aient pu avoir un tel effet sur son grand frère.

— Je ne sais pas ce que tu lui as fait, mais il nous a tous fait un sermon que nous devions donner l'exemple et que nous nous devions d'être fidèle à notre femme.

— Ne me dis pas que vous étiez tous infidèles.

— Non, je n'ai pas dit ça Aja. Tu as rendu plusieurs femmes très heureuses.

Ils discutèrent une partie de la soirée et ensuite Aja prit Danna à part.

— Tu viens faire des bébés avec moi?

— Tu ne pourrais pas les faire seul. Alors je dois venir.

— Taquine.

— Tu crois que nous pouvons nous sauver?

— Oh oui.

Le lendemain, Danna et Aja se rendirent sur le yacht qu'ils avaient décidé de ne pas rejoindre la nuit précédente, car il y avait trop d'invités.

— Danna, j'ai un programme à te suggérer.

— Hum, dis-moi.

— Que dirais-tu si nous partions sur mon yacht pour deux semaines pour finir notre escapade chez moi? Je voudrais te montrer mon palais et ensuite nous nous rendions ensemble au palais de Richard.

— ''Palais par-ci palais par là. Bof! Moi j'ai juste un bateau et ça me suffisait''. Ça me semble intéressant, mais tu oublies une chose.

— Non chérie, je n'ai pas oublié ton bébé. Un de mes employés le naviguera jusque chez-moi.

Elle lui sourit. Il avait deviné.

— Dans ce cas, je suis d'accord. Aja, tu as vraiment un palais?

— Oui, mais si tu veux l'appeler maison, tu peux. Je commence à te connaitre maintenant et je sais très bien quand tu veux m'agacer.

Ils partirent avec l'équipage à bord du yacht d'Aja. Ils débutèrent par retourner à l'endroit où Danna l'avait apporté pour se baigner nu et seul dans les chutes et ensuite ils passèrent une semaine complète dans l'océan Indien à visiter les côtes d'Australie, ils revinrent par l'Indonésie, la Malaisie pour ensuite se diriger vers les côtes Arabes en passant par la Baie de Bengale, la mer des Lacquedives pour finir dans la mer Arabe.

— Je vais devoir te partager beaucoup quand nous serons au palais?

— Que veux-tu dire?

— Tu vas travailler beaucoup?

— Pas plus qu'il ne faut, mais je crois que tu vas apprécier.

— Quoi?

— Nos bureaux sont à la maison.

— Nos! Qui sont les autres?

— Toi et moi. Tu crois que Richard ne te donnera pas de travail? Aussi j'ai une secrétaire, tu devras aussi en avoir une pour toi, tu en auras besoin crois-moi. Il y aura quelques fois par contre, que je devrai faire des voyages et toi aussi, nous allons essayer dans la mesure du possible de les faire en nous accompagnant.

— Ah! Je ne le savais pas.

— Oui nous allons devoir nous présenter à certaines rencontres et autres pour représenter nos pays respectifs.

— Hum.

— Oui Princesse, oui.

Il lui sourit.

— Mais tu seras avec moi, alors aucune inquiétude. Aussi, nous nous sauverons toujours le plus rapidement possible, promis. Pour ce qui est de rencontre, il y en a certaines dans mon pays qui ne sont constitués que d'hommes. J'en ai justement une la semaine prochaine. Sahil m'a demandé si je voulais me faire remplacer, mais j'ai dit non, car c'est un de mes dossiers et je crois que Sahil a été très bon avec moi et que je lui dois bien cela.

— Je comprends. Alors je pourrai rester au palais et me familiariser avec l'entourage.

— J'aimerais bien, car ce sera chez toi maintenant.

— ''Chez moi, un nouveau chez moi''.

Quand ils arrivèrent au palais, Danna n'en croyait pas ses yeux. Tout ce qu'elle avait étudié, elle allait le vivre maintenant.

— Y'a beaucoup de chambres pour les enfants ici.

— C'est à Richard à qui tu dois dire cela.

Ils rirent.

— Tu sais que je ne m'étais jamais moqué de mon ami avant de te rencontrer. J'ai aussi réalisé à quel point il était sur les principes. Valérie, t'as dit qu'il ne pouvait pas avoir d'enfant.

— Oui, elle m'a aussi dit qu'elle préférait les femmes aux hommes.

— Hé bien! Elle t'en a dit des choses. Elle t'a parlé de moi aussi.

— Oui.

— Ne me fais pas ça, dis-moi chérie.

— Elle m'a dit que tu collectionnais des trophées, j'ai bien hâte de les voir.

— Elle n'est pas gentille.

Ils partirent à rire. Aja avait très bien compris de quel trophée Valérie parlait.

— Je n'en collectionne plus et je n'ai pas gardé les autres.

— Ça me plaît. Tu arrêtes de parler et tu me montres notre chambre et ne me dit surtout pas que j'ai des appartements à part.

— Jamais, tu seras dans mon lit chaque soir pour le restant de nos jours.

— Notre lit Aja.

— Tu vas me faire souffrir je le sens.

Ils étaient bien ensemble, ils étaient faits pour être ensemble. Elle avait trouvé l'amour de sa vie.

Une semaine plus tard comme prévu, Aja partait pour quatre jours de congrès. Le premier matin Danna fit la grâce machinée. En se levant, elle se doucha, s'habilla et descendit dans la cuisine.

— Bonjour.

— Bonjour Pricesse Danna.

— Je vais prendre un déjeuner sur la terrasse. Vous pourriez m'apporter un café et des rôties?

Le cuisinier lui fit signe d'un air grognon que oui. Elle ne fit aucune remarque. Pendant la journée, elle sentit que la personne n'avait aucun sourire à son égard et que tous avaient même l'air grognons.

Le lendemain était pire. On vint la réveiller le matin de très bonne heure. Elle n'avait pas entendu frapper et pourtant une dame lui brassait l'épaule.

— Levez-vous immédiatement Princesse Danna? Vous avez une visiteuse importante.

— Qui est-ce?

La dame sortie sans répondre à sa question.

— Elle vous attend dans votre bureau.

Danna arqua les sourcils et se leva, s'habilla en vitesse et se rendit dans son bureau.

— Bonjour, comme puis-je vous aider madame?

— Bonjour Princesse Danna. Je suis envoyé pour vous aider à savoir comment vous comporter dans ces murs.

— Quoi?

— Vous êtes ici en terrain inconnu. Je vous guiderai pour savoir comment vous comporter ici et ce que vous devez faire et ne pas faire.

— Qui vous envoie madame?

— C'est le Prince Sahil qui m'a fait engager pour vous montrer.

— Puis-je avoir votre nom?

— Madame Saad.

— Bien Mme Saad. Que diriez-vous si nous allions nous asseoir sur la terrasse où nous pourrions finir notre entretien pendant que je prendrai mon déjeuner?

— Bien Princesse Danna. Je vous attendrai sur la terrasse pendant que vous ferez votre déjeuner.

— ''Que je ferai?''

Danna reconduisit Mme Saad sur la terrasse et se dirigea vers les cuisines. Le même tempérament y régnait. Elle décida de se prendre un café elle-même et de retourner sur la terrasse.

Arrivée sur la terrasse, elle s'aperçut qu'elle avait oublié de demander à son invité si elle voulait quelque chose, mais elle avait une tasse de café fumante dans les mains.

— Ah! On vous a servi.

— Oui, je suis une invitée envoyée par le Prince Sahil.

— Mme Saad, allez droit au but, je n'ai pas beaucoup de temps à vous accorder.

— Très bien. Pour commencer, vous n'avez d'ordres à donner à personne dans ce palais, car vous n'êtes vous-même qu'une invitée.

— Je ne suis pas une invitée, je vais marier Aja.

— Tant que le mariage n'est pas célébré, vous n'êtes qu'une invitée.

— C'est vraiment le Prince Sahil qui vous demande de me dire cela?

— Le Prince Sahil m'a fait engager, comme je vous l'ai dit plutôt.

— Bien, continuez.

— Vous devez coucher dans la chambre d'invité quand le Prince Aja n'est pas au palais et vous devez l'appeler en tout temps Prince Aja jusqu'à votre mariage. Ensuite c'est lui qui décidera comme vous allez devoir l'appeler.

Elle continua comme cela pendant au moins une heure avant que Danna décide qu'elle en avait plus qu'assez de ces consignes à la con. Elle restait polie au début pour ne pas nuire à Aja et pour qu'elle ne soit pas le centre de chicane familiale avec Sahil. Mais là, elle n'en pouvait plus.

— Mme Saad, je suis désolé. mais c'est tout le temps que je peux vous consacrer pour ce matin. Nous allons devoir reprendre une autre fois.

— Je ne travaille pas pour vous. Vous vous devez de me consacrer le temps qu'il me faut.

— Je vous ai demandé gentiment de partir. Je n'ai plus de temps à vous consacrer.

— Je dois rester Princ...

— Non, veuillez partir s'il vous plaît.

Danna alla dans sa chambre, elle était déroutée. Aja lui avait dit de prendre les commandes quand il n'était pas là que le palais était maintenant chez-elle aussi. Avec la visite de cette dame et l'humeur décevante des employés du palais, elle se devait de sortir de là jusqu'à ce qu'Aja revienne.

Elle ne pouvait se permettre de déranger Aja. Elle lui écrivit une lettre qu'elle déposa sur son bureau de travail elle-même. Après réflexion, elle lui envoya aussi un courriel pour lui indiquer qu'elle partait en mer et qu'elle lui avait écrit une lettre qu'il devait lire avant qu'elle ne retourne vivre au palais.

Elle partit avec son voilier, laissant de nouveau les gardes du corps derrière elle. Aja vit son courriel que seulement tard dans la soirée.

— ''Que se passe-t-il?''

Il l'appela, mais elle ne répondit pas à cause du décalage horaire, c'était dans la nuit en Arabie. Il appela au palais. Il demanda à parler au majordome.

— Talib, peux-tu m'indiquer ce qui s'est passé au palais hier pour que la Princesse Danna est l'envie de partir?

— Il y a eu problème mon prince. Le Prince Sahil a envoyé Mme Saad pour apprendre à la Princesse Danna quoi faire et ne pas faire quand vous n'êtes pas là.

Aja avait un air surpris.

— Apprendre à…bien Talib, laissez-faire. Je vous remercie.

Il appela Sahil immédiatement.

— Sahil, que m'as-tu fait encore?

— Rien, qu'ai-je fait?

— Tu as envoyé une dame au nom de Mme Saad chez moi rencontrer Danna pour lui dire quoi faire et ne pas faire quand je ne suis pas là.

— Non Aja, je ne sais vraiment pas de quoi tu parles.

— Talib me dit que c'est toi qui l'as envoyé.

— Mme Saad est celle qui s'occupe des employés de tous nos palais. Je vais la rencontrer ce matin et te rappeler.

— Fait vite parce que Danna a quitté mon palais pour se réfugier sur son voilier. Elle dit qu'elle va revenir seulement après que je serai de retour.

— Parfait, donne-moi environ une heure.

Une heure plus tard, Sahil rappelait Aja.

— Bon pour commencer, je dois te dire que Mme Saad ne travaille plus pour nous parce qu'elle a pris des droits qu'elle n'avait pas.

— Bien. À partir d'aujourd'hui je suis le seul et unique à gérer les employés de mon palais.

— Tu sais que tu es le seul à me faire des choses comme cela. C'est bien parce que je t'aime petit veinard que je vais te l'accorder.

— Parfait, je dois maintenant faire un ménage dans mes employés maintenant, car ils ont été plusieurs à bouder et ignorer Danna avant que Mme Saad lui rende visite.

Aja avait écourté son séjour. Il se rendit directement chez lui.

— Talib je veux une réunion de tout le personnel du palais et je n'accepte aucun absent. Ceci immédiatement.

Vingt minutes plus tard, Talib vint chercher Aja, les employés l'attendaient dans la grande salle de bal.

— Je voudrais savoir qui a dû parler ou servir la Princesse Danna dans la journée suivant mon départ jusqu'à ce que la Princesse Danna sorte du palais.

Quelques-uns levèrent leur main.

— Tous ceux qui ont levé leur main sont priés de sortir de mon palais immédiatement pour ne jamais y revenir.

— Talib, en tant que majordome, vous auriez dû savoir que certaines choses comme ceux qui se sont passés ici ne se font pas.

— Je n'ai été mis au courant qu'après les faits mon prince.

— D'après ce que la Princesse Danna m'a dit, elle vous a parlé et dit qu'il était préférable que dans les circonstances actuelles, qu'elle parte sur son bateau jusqu'à ce que je sois de retour.

— Oui mon prince.

— Lui avez-vous demandé pourquoi ou si vous pouviez l'aider?

— Non mon prince.

— Vous devez aussi faire vos bagages. Pour ce qui est des autres, à la minute où la Princesse Danna mettra les pieds dans ce palais, n'oubliez pas que le palais est aussi le sien maintenant… même si nous ne sommes pas encore mariés. Vous avez bien compris?

— Oui mon prince.

— Aussi, je vous informe qui si je vous surprends, vous entend ou encore que la Princesse Danna me dit quelque chose qui ne va pas avec nos employés, vous serez dirigé directement vers la porte. J'ai bien dit NOS employés. Considérez la Princesse Danna comme ma femme à la minute où elle entrera ici.

Tous lui firent signe que oui.

— Je vous informe aussi que personne d'autre que la Princesse Danna et moi donnons des ordres ici.

— Je vais maintenant réfléchir pour savoir qui va être le nouveau majordome. Ceux d'entrevous qui sont intéressés dans la position, veuillez le mentionner à ma secrétaire.

Il se rendit dans son bureau et appela Danna.

— Salut chérie.

— Salut Aja.

— Je suis revenu plus tôt et j'ai réglé nos petits problèmes d'employés. Il y en a qui sont partis et nous allons devoir en employer d'autres.

— Je regrette que cela se soit passé comme ça.

— Tu n'as rien à regretter chérie. Tu seras ici dans combien de temps mon amour?

— Je suis dans notre lit, je suis arr…

Danna partie à rire, Aja avait coupé la communication. Il entra dans la chambre comme un éclair.

— Tu as fait vite, toi tu étais où?

— Dans mon bureau.

Ils rirent. Danna savait qu'il lui avait fallu courir très vite pour arriver à une telle vitesse dans la chambre.

— Je t'aime mon amour et à partir d'aujourd'hui, s'il y a quoi que ce soit et que je ne suis pas ici, tu m'appelles, c'est compris? Comment cela se fait-il que tu sois déjà ici? Sahil m'a appelé pour s'excuser et m'expliquer la situation. Oui mon prince d'amour.

Ils firent l'amour comme s'ils ne s'étaient pas vus depuis des mois.

La date du mariage était déjà prévue, ils se marieraient dans deux semaines exactement. Danna avait rendu visite au médecin que la belle-soeur d'Aja lui avait conseillé. Elle venait avec Danna pour pouvoir traduire. Danna avait besoin de la pilule pour s'assurer de ne pas avoir d'enfant avant le mariage et même qu'elle voulait attendre un an avant d'en avoir pour pouvoir vivre pleinement avec Aja. Mais le médecin lui apprit qu'elle était déjà enceinte d'environ un mois.

Sur le chemin du retour, Danna était très nerveuse. Ouafa essaya de la calmer.

— Danna, est-ce que tu voudrais apprendre l'arabe?

— Oui, c'est une très bonne idée, je me dois de l'apprendre.

— Je connais un très bon professeur pour toi.

— Parfait, je vais l'appeler.

— Je vais communiquer avec lui et il contactera ta secrétaire.

— Merci Ouafa, pour ça et pour être venue avec moi aujourd'hui.

— Je l'ai fait avec plaisir Danna. J'aimerais aussi te guider un peu dans la ville. Que dirais-tu de faire quelques journées à visiter après le mariage?

— J'aimerais beaucoup…si Aja ne me jette pas à la porte aujourd'hui.

— Ah! Ah! Ah! Danna, il ne ferait pas cela voyons. Ne t'en fais pas, il est un homme très sensible et c'est évident qu'il t'aime.

— Oui je sais, mais regarde ce que je lui fais. Sahil sera aussi très fâché.

— C'est moi qui vais m'occuper de Sahil.

— Tu vas lui dire ce soir?

— Oui, ne t'inquiète pas. Il adore son jeune frère et depuis qu'Aja lui a fait comprendre que l'amour était plus fort que tout pour lui dans la vie, il ne fera rien pour le rendre malheureux.

— Merci Ouafa. J'aime tellement Aja, je ne voudrais pas lui faire de mal dans la vie.

Ouafa lui sourit et elle la serra dans ses bras.

— Vous formez un merveilleux couple.

Danna aurait voulu attendre avant de l'annoncer à Aja, de se préparer, de s'assurer que tout allait bien pour avoir le meilleur climat possible. Mais elle devait le faire le soir même, car Ouafa l'annoncera à son époux le soir même. Elle entra au château et trouva Aja dans son bureau.

— Bonjour ma chérie, ç'a été avec Ouafa?

— Oui, je l'aime beaucoup. Elle a été très gentille avec moi.

— Viens t'asseoir sur mes genoux chérie.

Il l'embrassa tendrement.

— Tu sais, Ouafa m'a trouvé un professeur de langue, je vais apprendre l'arabe.

— Super mon amour, je voulais te le demander après le mariage.

— J'y avais pensé aussi. Je sais déjà l'anglais, le français et maintenant je vais apprendre l'arabe.

Elle ferma les yeux quelques secondes, prit une grande respiration et le regarda dans les yeux.

— Quelque chose ne va pas Danna, je le vois dans tes yeux ma chérie?

Elle baissa les yeux, mais Aja lui prit le menton et releva son regard vers lui.

— Tu n'es pas malade dit?

— Non Aja, je vais très bien.

— Qu'est-ce qu'il y a dans ce cas?

— Je…je n'ai pas pu avoir la pilule. Hum, je…je ne pouvais l'avoir parce que je suis déjà enceinte.

Il se mordit la lèvre inférieure et mit son front sur le sien en souriant.

— Je suis si heureux Danna. Nous aurions pu l'avoir plus tard, mais je suis quand même très heureux, car je sais que cet enfant a été conçu dans l'amour que j'ai pour toi.

Danna avait les larmes aux yeux.

— Je t'aime Aja. Cet enfant nous rappellera notre confinement.

— Nous ne l'avons pas conçu là…impossible. Nous l'avons conçu sur ton voilier chérie.

— Ouafa va informer Sahil ce soir, que va-t-il dire?

— Danna, c'est notre vie et notre bébé.

— De mon côté, je ne crois pas que Richard ne soit pas d'accord.

— Je suggère que nous lui annonçons en personne. Je ne veux rater sa réaction pour rien au monde. Si tu veux, nous pourrions partir dans quelques jours pour lui rendre visite.

— Oui, je vais l'appeler et voir quand serait un bon temps pour lui.

Ils riaient juste à penser à sa réaction. Il l'embrassa et lui fit l'amour. Elle était rassurée. Danna communiqua avec Richard et il disait être prêt à n'importe quel moment qu'il attendait même ce moment avec impatience.

— Ah! Je croyais que c'était des enfants que tu attendais avec impatience?

Richard se sentait mal à l'aise, ce qui n'était pas dans ses habitudes.

— Je suis désolé Danna. J'ai quand même hâte de vous revoir.

— Très bien alors. Nous partirons demain et nous resterons avec vous pour une semaine. Est-ce que cela te va?

— C'est parfait, je vais donner une réception pour annoncer ton entrée.

— Mon entrée?

— Oui Danna, c'est une tradition de faire entrer une jeune fille dans le monde. Toi en plus de faire ton entrée dans le monde, tu le fais aussi parce que tu es princesse.

— Bien, j'ai bien hâte de vous revoir.

— Moi aussi. Dis bonjour à Aja.

— Oui, je n'y manquerai pas.

Le lendemain Danna et Aja étaient accueillis au Palais de Caroussel. Valérie lui fit visiter le château et lui décrit l'histoire du château. Danna rencontra la femme de Richard, ils soupèrent tous ensemble et Richard énuméra ce qu'il aimerait que Danna s'occupe en ce qui concerne leurs citoyens. Il était très tard dans la nuit quand tous montèrent dormir. Richard les guida vers leurs appartements et Danna fût surprise quand il la retint pour ne pas qu'elle entre dans les mêmes appartements qu'Aja.

— Ce ne sont pas tes appartements Danna.

— Quoi! Richard, tu ne me dis pas que nous sommes dans le vingtième siècle et que tu me donnes des appartements différents d'Aja et que je couche avec lui au palais?

Aja et la femme de Richard se pinçaient les lèvres pour ne pas partir d'un rire fou.

— Danna tu sais, tu es très directe.

— Oui Richard et rien ne changera ça. Je suis directe, mais je reste toujours polie. Nous n'aurons pas besoin de plus d'appartements que ceux que nous avons ici. Merci Richard.

Richard regarda Aja et lui fit des yeux de vengeance. Aja ne pouvait plus se retenir de rire.

— Très bien. Finalement je suis très content pour vous deux, car je ne connais pas un couple qui va si bien ensemble.

— Ah! Ah! Ah! Tu vas t'en remettre mon ami.

— Nous nous verrons à nouveau demain pour le souper pour que nous puissions discuter à nouveau. Danna, Aja, je vous souhaite bonne nuit.

— Bonne nuit à vous deux aussi.

Aja referma la porte. Richard et sa femme les entendit rirent.

— Elle est merveilleuse Richard.

— Oui, je suis d'accord et elle est parfaite pour Aja.

— Ils sont têtus tous les deux.

— Exactement, c'est pour cela que je t'ai dit que j'étais tellement contente de voir Aja me la voler.

Après avoir visiter avec Aja quelques monuments historiques que Richard voulait qu'elle prenne le temps de voir, ils se reposèrent près de la piscine toute l'après-midi ensuite ils se retrouvèrent tous à nouveau au tour de la table. Après le repas, Richard ne perdit pas de temps et discutait à nouveau des tâches de Danna, ce qu'elle devait savoir, il lui donna des suggestions d'ouvrages et une liste des évènements qu'elle ne pouvait se défaire.

— Danna si tu n'y vois pas d'inconvénient, j'aimerais que tu termines tes études universitaires. Je sais qu'il te reste une année. Vois-tu, nous, nous sommes nés et avons toujours vécu dans la royauté, alors que toi non. Cela t'aidera à comprendre plusieurs choses que ta dernière année te donnerait.

Aja fit de gros yeux à Richard que celui-ci s'empressa d'ignorer. Ensuite Aja dirigea ses yeux vers Danna pour pouvoir lire sa réaction à cette demande.

— Je crois qu'il est temps chérie.

Ils partent à rire tous les deux.

— Mon cher Richard, il sera difficile à Danna d'accéder à cette demande.

— De nos jours, elle peut même faire certaines études par correspondance et assister à quelques cours.

— Non Richard, ce n'est pas ça du tout.

— Mais quoi, est-ce que maintenant vous avez décidé de me faire jouer à la devinette?

Ils riaient tous à l'exception de Richard. Elles avaient compris, mais pas lui.

— Mais qu'est-ce que je ne semble pas comprendre?

Aja mit la main sur le ventre de Danna.

— Elle est enceinte, elle est enceinte?

Richard avait un sourire que personne n'avait pu voir de toute leur vie. Il était si heureux.

— Oui Richard, c'est pourquoi il sera préférable d'attendre après la venue du bébé.

— Merveilleux, merveilleux.

— Merveilleux Richard, même si la conception a été faite avant le mariage.

— Oui tant pis.

Danna et Aja étaient si contents de voir Richard si heureux. Tous les félicitaient.

— Richard, j'avais une autre demande à te faire.

— N'importe quoi Danna.

Elle sourit.

— J'aimerais que tu sois la personne qui me conduira à l'avant à notre mariage.

— Oui je le ferai avec grand plaisir.

Le lendemain, Richard présentait fièrement sa cousine la Princesse Danna de Caroussel à tous ses invités. La soirée se déroulait bien, mais Danna ne rêvait que de se sauver à grande enjambée. Elle détestait ces grandes fêtes. Elle voulait se retrouver sur son voilier.

— Tu n'aimes pas hein

— Non, pas du tout. Je voudrais me retrouver sur mon bateau.

— Je sais ma chérie. Je n'aime pas du tout moi non plus. Merci que ce ne soit pas la vie de tous les jours, car je serais parti en bateau moi aussi pour ne jamais revenir.

Elle lui sourit.

— Nous allons pouvoir partir bientôt et je t'amènerai dans mon château demain.

— Oui, c'est ce que je veux Aja. Me retrouver seul avec toi. Aussi, ton palais est beaucoup plus beau que ce vieux château.

Il lui souriait.

— Si Richard t'entendait, il te donnerait sa version allongée de la valeur de ce château de par son histoire.

— Alors, ne lui en parle pas.

— Je t'aime ma princesse.

— Je t'aime aussi mon prince d'amour.

Le mariage était pour être célébré en privé à la demande d'Aja et il était pour avoir deux façades pour pouvoir satisfaire les besoins des deux dynasties. Le mariage princier avait eu lieu au palais de Sahil à sa demande. En partie à cause de l'annonce sur les mariages qu'il avait faite. Il avait réalisé en parlant avec Aja qu'il ne voulait pas voir ses enfants malheureux, qu'il voulait les voir heureux comme Aja l'était maintenant.

Après le mariage, Danna entreprit de demander audience auprès du représentant de l'armée américaine. Elle lui fit part des problèmes qu'elle avait rencontrés avec le Sergent Vincent Johns et dont elle avait su que sa meilleure amie, pour avoir pris sa part, avait été placée dans un poste de bureau.

— Vous m'en voyez désoler Princesse Danna. Je vais faire le nécessaire pour le Sergent Johns et le soldat Vold aujourd'hui même.

— Je vous en remercie.

Tracy l'appela deux semaines plus tard l'informant qu'elle était enfin sur un poste en mer. Danna avait été informé que le Sergent Johns avait été prié de prendre un congé d'une année et qu'il serait préférable de trouver un autre emploi.

Le premier enfant de la Princesse Danna de Caroussel et du Prince Aja Úbeda était un garçon qu'ils avaient nommé Pierre Úbeda de Carousse.

Johanne Landers Romancière

Trouvez-les, ils sont là

Mon bel amour

Le Prince Aja envoûté par Danna

Ogan Mezzo que rien n'arrête trouvera les amours de sa vie

La redoutable Zoé Mezzo devant la défaite…et l'amour

Zack Mezzo, le beau charmeur chevauche avec l'amour

Emmanuël Mezzo face à son secret

Michaël Mezzo tourmenté par ses amours

La famille Mezzo : L'intégral

L'amour interdit de Magalie

Amoureuse de son sauveur

Le cadeau de Gabriella

Un cowboy pour Mia

Mon ange gardien sexuel

Deux mois d'amour, une vie de passion

Mon oiseau volage d'amour

Annie taquine l'amour de sa vie

Destinée à lui

Alyssa, tu es mienne, eres mías